Antje Andrees

Vergleichende Analyse der Marktregularien auf dem deutschen und russischen Kapital- und Wertpapiermarkt unter besonderer Berücksichtigung der Einflussnahme von Hedgefonds

AF125470

Andrees, Antje

Vergleichende Analyse der Marktregularien auf dem deutschen und russischen Kapital-
und Wertpapiermarkt
unter besonderer Berücksichtigung der Einflussnahme von Hedgefonds

Schriftenreihe: Rechtspraxis im Ostseeraum, Band 3
herausgegeben vom Ostinstitut Wismar
www.ostinstitut.de

1. Auflage 2011 | ISBN: 978-3-86741-700-6

Antje Andrees

Vergleichende Analyse der Marktregularien auf dem deutschen und russischen Kapital- und Wertpapiermarkt

Rechtspraxis im Ostseeraum, Band 3

www.eh-verlag.de

Inhaltsverzeichnis

Abkürzungsverzeichnis

Abb.	Abbildung
AktG	Aktiengesetz
Art.	Artikel
Arrt.	Artikel (Plural)
Aufl.	Auflage
BB	Betriebs-Berater
BGB	Bürgerliches Gesetzbuch
BGBl	Bundesgesetzblatt
BGHZ	Entscheidungen des Bundesgerichtshofs in Zivilsachen
BaFin	Bundesanstalt für Finanzdienstleistungsaufsicht
BKR	Zeitschrift für Bank- und Kapitalmarktrecht
BMF	Bundesministeriums der Finanzen
BörsG	Börsengesetz
bpb	Bundeszentrale für politische Bildung
bspw.	beispielsweise
BT-DRS	Bundestag-Drucksache
bzgl.	bezüglich
bzw.	beziehungsweise
CFI	Classification of Financial Instruments
DepotG	Depotgesetz
DS	Das Investment
EG	Europäische Gemeinschaft
ESFS	European System of Financial Supervisors
ESRB	European Systemic Risk Board
EU	Europäische Union
EWG	Europäische Wirtschaftsgemeinschaft
EWR	Europäischer Wirtschaftsraum
EZB	Europäische Zentralbank

IV

f.	folgend
FCSM	Federal Commission on Securities Market, Föderale Kommission für Finanzmärkte
ff.	folgende
FR	Frankfurter Rundschau
FTD	Financial Times Deutschland
GATS	General Agreement on Trade in Services
G-7	Gruppe der Sieben, die sieben führenden Industrieländer
G-8	Gruppe der Acht, die acht führenden Industrieländer
G-20	Gruppe der zwanzig, die wichtigsten 20 Industrie- und Schwellenländer
HGB	Handelsgesetzbuch
Hrsg.	Herausgeber
IMF	International Monetary Fund
InvG	Investmentgesetz
iSe.	im Sinner einer/ eines
iSv.	im Sinne von
iSd.	im Sinne der/des
ISIN	International Securities Identification Number
iVm.	in Verbindung mit
KGW	Kreditwesengesetz
LTCM	Long Term Capital Management
Mio.	Millionen
Mrd.	Milliarden
Nr.	Nummer
NZG	Neue Zeitschrift für Gesellschaftsrecht
OGAW-RL	„Organismus für gemeinsame Anlagen in Wertpapieren"-Richtlinie
RFAktG	Aktiengesetz der Russischen Föderation
RFInvFG	Investmentfondsgesetz der Russischen Föderation
RFWpmG	Wertpapiermarktgesetz der Russischen Föderation

RL	Richtlinie
Rn.	Randnummer
S.	Seite
sog.	sogenannten
u.a.	unter anderem
US	United States
VerkProspG	Verkaufsprospektgesetz
VO	Verordnung
vs.	versus
VW	Volkswagen
WM	Wertpapier-Mitteilungen
WpHG	Wertpapierhandelsgesetz
WpPG	Wertpapierprospektgesetz
WpÜG	Wertpapiererwerbs- und Übernahmegesetz
WTO	World Trade Organisation
z. B.	zum Beispiel
ZGB	Zivilgesetzbuch der Russischen Föderation
ZfgK	Zeitschrift für das gesamte Kreditwesen
ZGR	Zeitschrift für Unternehmens- und Gesellschaftsrecht

Abbildungsverzeichnis

A. Motivation und Gang der Untersuchung

Franz Müntefering bezeichnete sie 2005 als Heuschrecken, „die kurzfristige oder überzogene Renditeerwartungen haben"[1] und auch heute knapp zwei Jahre nach der größten Finanzkrise seit dem „schwarzen Freitag" 1929 sind Hedgefonds wieder in aller Munde. Glaubt man den aktuellen Nachrichten sind sie zurück auf den internationalen Kapital- und Finanzmärkten und sie scheinen an Einfluss nicht verloren zu haben. So nutzten sie Anfang des Jahres ihr Einflusspotential auf die Devisenmärkte und wetteten im Zusammenhang mit der Schuldenkrise Griechenlands auf einen Kurssturz des Euro.

Hedgefonds operieren international; doch wie sieht es im Deutschen und Russischen Markt aus? Gibt es deutsche und russische Hedgefonds und inwieweit ähneln diese den großen US-amerikanischen Vorbildern? Geht von diesen Hedgefonds ein Gefahrenpotential aus? Wie arbeiten sie und auf welchen Märkten sind sie aktiv? Gibt es ein Chance-Risikopotential und warum wurden Hedgefonds bisher eher mäßig reglementiert? Die folgende Ausarbeitung soll Aufschluss über eine Branche geben, von der jeder gehört hat, die aber kaum einer kennt.

Der Grund, warum ich mich für eine Betrachtung zwischen Deutschland und Russland entschieden habe, liegt vor allem in dem Umstand, dass das russische Recht in seiner Entstehung durch eine Vielzahl internationaler Rechtsordnungen beeinflusst worden ist. Reizvoll in diesem Zusammenhang ist insbesondere der Spagat den das russische Recht zwischen kontinentaleuropäischen Vorstellungen, angloamerikanischen Ansichten und der eigenen rechtsdogmatischen Tradition wagt.

Als Einführung in die Thematik dient zunächst ein rechtstheoretischer Teil über allgemeine Grundlagen der Kapital- und Wertpapiermärkte in Deutschland und der Russischen Föderation. Ziel dieses Abschnitts ist es dem Leser einen Eindruck von dem großen Ganzen der Kapital- und Wertpapiermärkte zu vermitteln. Definitionsansatz, Emissionsgeschehen, Arten von Wertpapieren und Anteile an Investmentfonds sind dabei ebenso Gegenstand der Betrachtung wie die Haftung der Kapitalmarktakteure und der Kapitalmarktaufsicht. Vor diesem Hintergrund werden insbesondere die Unterschiede zwischen deutscher und russischer Rechtslage herausgestellt. Der erste Abschnitt bildet damit die Grundlage, zu verstehen auf welchem Markt Hedgefonds agieren und welche Komplexität von der Ausgestaltung der Kapital- und Wertpapiermärkte ausgeht.

---

[1] *Müntefering*, Vortrag: „Freiheit und Verantwortung", Friedrich Ebert Stiftung am 22.11.2004.

Im zweiten Teil der Ausarbeitung findet sich ein rechtstheoretischer Teil wieder. In dem Abschnitt „Grundlagen der Hedgefonds", wird sich dem kapitalmarktrechtlichen Spezialgebiet der Hedgefonds zugewandt. Ziel dieses Abschnitts ist es, ausgehend von einem Definitionsansatz und den historischen Hintergründen der Entwicklung der Hedgefonds, einen Einblick in deren Arbeitsweise zu erhalten. Darüber hinaus werden die Rechtslagen, von in Deutschland und in Russland aufgelegten Hedgefonds dargestellt und miteinander verglichen. Der zweite Teil der Ausarbeitung dient als Grundlage zur Betrachtung von Hedgefonds in Deutschland und Russland als besondere Akteure auf den nationalen Kapital- und Wertpapiermärkten.

An die beiden eher rechtstheoretisch gehaltenen Abschnitte schließen sich zwei analytisch- bewertende Darstellungen an. Im dritten Abschnitt geht es um die Einflussmöglichkeiten der Hedgefonds in die Kapital- und Wertpapiermärkte. Um einen möglichen Einfluss ausmachen zu können, erfolgt zunächst eine Marktbetrachtung der Hedgefondsbranche auf internationaler Ebene. Abgeleitet aus der Marktuntersuchung werden sowohl die Kapitalmarktchancen, als auch die Risikopotentiale insbesondere vor dem Hintergrund systemischer Risiken betrachtet und analysiert. Anschließend erfolgt eine Betrachtung der Märkte auf nationaler Ebene. In diesem Zusammenhang werden die Märkte in Deutschland und Russland analysiert und vor dem Hintergrund möglicher Einflusspotentiale bewertet. Schließlich erfolgt die Ableitung eines möglichen Regulierungsbedarfs auf internationaler und nationaler Ebene.

In Abschnitt vier wird untersucht inwieweit ein bestehender Regulierungsbedarf durch aktuelle Regulierungsansätze auf internationaler und nationaler Ebene gedeckt wird. Dabei stehen vor allem die Regulierungsansätze der G-20 und der EU im Mittelpunkt. Anschließend werden die Regulierungsansätze in Deutschland und der Russischen Föderation betrachtet, auf Hedgefonds übertragen und in einer kurzen Zusammenfassung bewertet.

Abschließend steht der Abschnitt „Fazit und Ausblick", der ausgehend von den Kapital- und Wertpapiermärkten, den Grundlagen von Hedgefonds und den aktuellen Marktentwicklungen sowohl den Regulierungsbedarf als auch die Regulierungsansätze zusammenführt und bewertet. Ein Anliegen dieses Abschnittes ist es in besonderem Maße Defizite der Hedgefondsregulierung aufzuzeigen und mögliche Regelungsansätze die über das bis dato diskutierte Maß hinausgehen zu präsentieren.

B. Grundlagen des Kapitalmarkt- und Wertpapierrechts

Der Kapitalmarkt gehört dem Finanzmarkt an, der sich mit allen Märkten, die mit dem Angebot und der Nachfrage nach Geld und geldwerten Titeln befasst sind, beschäftigt und so die Gewährleistung eines funktionierenden Handels der Marktteilnehmer zum Ziel hat[2]. Neben dem Kapitalmarkt gehören vor allem der Geld- und der Devisen- sowie der Terminmarkt zum Finanzmarkt[3].

Das Kapitalmarktrecht umfasst als Teilgebiet der Finanzmärkte die Gesamtheit aller Vorschriften und Grundsätze für die Emission und den Handel mit fungiblen Anlageinstrumenten[4]. Dabei hat es sowohl den Individualschutz der Kapitalanleger als auch den Funktionsschutz der Kapitalmärkte und der Wirtschaft zum Ziel[5].

Das Wertpapierrecht als Teilrechtsgebiet des öffentlichen Rechts und Spezifikation des Finanz- und Kapitalmarktrechts umfasst alle Rechtsnormen, die sich mit Wertpapieren an sich, der Wertpapieremission, dem Wertpapiererwerb sowie -handel und Vorgaben für Wertpapierprospekte beschäftigen[6]. Darüber hinaus dient es der Kontrolle von Dienstleistungsunternehmen, die im Bereich Wertpapierhandel angesiedelt sind und der Kontrolle von Finanztermingeschäften.

I. Deutschland

In Deutschland gibt es keine eindeutige Kapitalmarktdefinition. Zum einen dient daher der von der Bundesanstalt für Finanzdienstleistungsaufsicht geprägte Begriff des zu überwachenden Wertpapiermarktes als Kapitalmarkt im engeren Sinne, zum anderen wird davon ausgegangen, dass es sich bei dem Kapitalmarkt um den Markt handelt, auf dem Finanzinstrumente iSv. § 2 WpHG gehandelt werden. Dazu zählen im wesentlichen Wertpapiere, Finanztermingeschäfte und Optionsscheine[7].

Das Kapitalmarkt- und Wertpapierrecht in Deutschland besteht nicht in einem Gesetz. Es findet vielmehr in verschiedensten Gesetzen Ausdruck. So z. B. im Bürgerlichen Gesetzbuch mit den Anweisungen zu den Inhaberschuldverschreibungen gem. §§ 783 ff. BGB, den Hypotheken und Grundschuldbriefen gem. §§ 793 ff. BGB, und den Rentenbriefen gem. §§ 1113 ff. BGB. Auch das deutsche Handelsgesetzbuch enthält wertpapierrechtliche Regelungen, z. B.

---

[2] *Lenenbach*, Rn. 1.5.
[3] *Kümpel*, Rn. 8, 125.
[4] *Grunewald/Schlitt*, S. 1.
[5] *Assmann* in: Assmann/Schütze, § 1 Rn. 4.
[6] *Gursky*, S. 1.
[7] *Grunewald/Schlitt*, S. 2.

zu den kaufmännischen Orderpapiere gem. §§ 363 ff. HGB und auch im Aktiengesetz lassen sich elementare Regelungen zur Aktie gem. §§ 1 ff. AktG finden. Neben diesen allgemeinen Rechtsordnungen finden eine Vielzahl spezialgesetzlicher Regelungen Anwendung. Dazu zählen unter anderem das Anlegerschutzverbesserungsgesetz, das Börsengesetz, die Börsenzulassungs-Verordnung, das Depotgesetz, das Investmentgesetz, das Wechselgesetz, das Wertpapierhandelsgesetz, die Wertpapierhandelsanzeigeverordnung, die Insiderverzeichnisverordnung und das Wertpapierprospektgesetz[8]. Darüber hinaus wird das deutsche Wertpapierrecht durch internationale Bestimmungen der WTO, der GATS[9] und europarechtlichen Vorgaben, vor allem in Form von Verordnungen[10] und Richtlinien[11], bestimmt.

1. Emissionsgeschäft

Das Emissionsgeschäft wird als wirtschaftlicher Vorgang auf dem Kapitalmarkt verstanden und dient Unternehmen insbesondere zur Aufnahme mittel- und langfristigen Kapitals[12]. Emission meint dabei die erste Ausgabe und Platzierung von Wertpapieren, in dem Fall Effekten, durch einen Emittenten auf dem Primärmarkt. Der Handel von bereits emittierten Wertpapieren erfolgt dann auf dem sog. Sekundärmarkt[13].

Die Emission von Wertpapieren kann als Selbstemission, also vom emittierenden Unternehmer direkt zum Anleger, oder als Fremdemission, vom emittierenden Unternehmen über ein mitwirkendes Kreditinstitut zum Anleger, erfolgen[14].

Die Rechtsnatur des Emissionsgeschäfts richtet sich grundsätzlich nach den Vertragsbeziehungen zwischen den einzelnen Beteiligten[15]. Zu unterscheiden sind dementsprechend die Beziehung zwischen Emittent und mitwirkendem Kreditinstitut oder einem Konsortium, die Beziehung zwischen Emittent und Anleger bzw. Aktienerwerber, die Beziehung zwischen Kreditinstitut und Anleger und die Beziehung zwischen den Mitgliedern des Konsortiums untereinander[16].

---

[8]   *Grunewald/Schlitt*, S. 4.

[9]   *Grunewald/Schlitt*, S. 3.

[10] z. B. VO (EG) 809/2004 vom 29. 04.2004.

[11] z. B. 2003/71/EG vom 04.11.2003.

[12] *Kümpel*, Rn. 9.3.

[13] *Kümpel*, Rn. 8.61, 8.69.

[14] *Bartz* in: Derleder/Knops/Bamberger, Rn. 1726.

[15] *Canaris*, Rn. 2242.

[16] *Bartz* in: Derleder/Knops/Bamberger Rn. 1726.

a. Emission

Bei der Emission von Wertpapieren sind grundsätzlich zwei Arten zu unterscheiden, die Anleiheemission und die Aktienemission. Während die Anleiheemission darauf ausgerichtet ist, Fremdkapital gegen Ausgabe von Schuldverschreibungen zu generieren, wird mit einer Aktienemission der Anlegerkreis erweitert und damit eine Eigenkapitalaufnahme angestrebt[17.] So verspricht der Emittent einer Anleiheemission dem Anleger iSd. § 793 I, 1 BGB die Rückzahlung und Verzinsung des erhaltenen Kapitals. Aktienemissionen sind hingegen insbesondere auf Kapitalerhöhungen gem. § 182 I, 2 AktG und Umwandlung einer Gesellschaft in eine Aktiengesellschaft ausgerichtet.

Möchte ein Unternehmen Wertpapiere emittieren, muss zunächst ein in Form eines Wertpapiers verbrieftes Recht vorliegen. In der Regel entsteht dieses Recht durch Abschluss eines Begebungsvertrages zwischen Emittent und erstem Erwerber[18]. Als erster Erwerber kommen insbesondere Kreditinstitute in Betracht. Wirken diese lediglich bei der Begebung der Wertpapiere mit, wird dies als ‚best effort underwriting' bezeichnet[19]. Übernimmt hingegen das Kreditinstitut die Platzierung der Emission spricht man von einem ‚underwriting'[20].

Bei der eigentlichen Platzierung der Wertpapiere ist zwischen einer öffentlichen und einer privaten Platzierung von Wertpapieren zu unterscheiden. Das Angebot einer öffentlichen Platzierung richtet sich dabei an die Gesamtheit aller möglichen Anleger, während bei einer privaten Platzierung das Angebot nur für einen begrenzten, individuell bestimmten Personenkreis gilt. Die Unterscheidung zwischen öffentlicher und privater Platzierung ist wichtig, da sich daraus die spezifischen Prospekt- und Veröffentlichungspflichten ableiten lassen. So besteht für private Platzierungen gem. § 3 I, 1 WpPG grundsätzlich keine Prospektpflicht.

Bei einer öffentlichen Platzierung erfolgt eine Auflegung der Wertpapiere zur öffentlichen Zeichnung; anschließend kommt es zum freihändigen Verkauf der Wertpapiere[21]. Bei der öffentlichen Zeichnung werden die Anleger aufgefordert, Wertpapiere innerhalb einer bestimmten Frist bei einem benannten Kreditinstitut zu zeichnen[22]. Neben dieser Methode gibt es eine weitere Platzierungsmethode der sich die Bundesbank bedient. Im sog. Tenderverfahren ge-

---

[17] *Grunewald/Schlitt*, S. 7.
[18] *Hueck/Canaris*, S. 31, 217.
[19] *Gursky*, S. 17.
[20] *Kümpel*, Rn. 9.23 ff.
[21] *Wehowsky* in: Erbs/Kohlhaas, § ,9 Rn. 11.
[22] *Grunewald/Schlitt*, S. 68.

ben die Kreditinstitute Gebote zu einer von der Bundesbank bestimmten Größe bzw. Menge im Sinne eines Volumens oder Zinses ab[23].

b. Prospektpflichtigkeit

Eine Prospektpflicht ist für bestimmte Emissionen vorgeschrieben. Die Bestimmungen zur Prospektpflicht ergeben sich aus § 3 I, 1 und III WpPG und § 30 I und III, Nr. 2 BörsG. Demnach fallen im Inland öffentlich angebotene Wertpapiere; im Inland zum Handel an einem organisierten Markt zugelassene Wertpapiere, oder am amtlichen Markt an der Börse gehandelte Wertpapiere unter die Prospektpflicht[24]. Ausnahmen von der Prospektpflicht ergeben sich aus den § 3 I, 2 und II WpPG und § 4 WpPG. Die Ausnahmen beziehen sich dabei insbesondere auf Angebote an qualifizierte Anleger. Qualifizierte Anleger iSd. § 27 I und II WpPG sind Kredit- und Finanzdienstleistungsinstitute, juristische Personen sowie in ein bei der Bundesanstalt für Finanzdienstleistungsaufsicht geführtes Register eingetragene bestimmte natürliche Personen und kleine oder mittelgroße Unternehmen. Richtet sich ein Wertpapier ausschließlich an qualifizierte Anleger oder an weniger als 100 nicht qualifizierte Anleger in jedem Staat des Europäischen Wirtschaftsraums, entfällt gem. § 3 II, 1, Nr. 1 und 2 WpPG die Prospektierungspflicht[25].

Um dem öffentlichen Angebot von Wertpapieren gerecht zu werden, ist nach § 2 Nr. 4 WpPG eine Mitteilung an das Publikum mit ausreichenden Informationen über die Angebotsbedingungen und die anzubietenden Wertpapiere zu richten. Der Begriff des Angebots ist weit gefasst und umfasst neben dem Antrag auf Abschluss des Zeichnungsvertrages iSd. § 145 BGB auch die öffentliche Aufforderung zur Abgabe eines Antrages iSe. ,invitatio ad offerendum' und die Einleitung eines sog. ,Bookbuilding-Verfahrens'[26]. Unter ,Bookbuilding-Verfahren' versteht man dabei ein Verfahren zur Platzierung von Wertpapieren, bei dem interessierte Investoren innerhalb einer festgelegten Zeichnungsfrist auf den Kauf von Wertpapieren innerhalb einer bestimmten Preisspanne bieten[27]. Nach Ablauf der Bieterfrist wird über den Preis der zu platzierenden Wertpapiere entschieden[28]. Zu den allgemein zugänglichen Informationsquellen gehören insbesondere das Internet, die zur gesellschaftlichen Bekanntmachung verwendeten Blätter, die Verbreitung von Meldungen über elektronische Systeme und Werbemaßnahmen der Emittenten. Die Platzie-

---

[23] *Ekkenga/Maas*, Rn. 105, 133 f.
[24] *Bruski* in: Schimansky/Bunte/Lwowski, §104, Rn. 97.
[25] *Grunewald/Schlitt*, S. 47.
[26] *Grundmann* in: Schimansky/Bunte/Lwowski, § 112, Rn. 33.
[27] *Groß* in: Ebenroth/Boujong/Joost/Strohn, Rn. VII51.
[28] *Groß* in: Ebenroth/Boujong/Joost/Strohn, Rn. VII51.

rung der Wertpapiere in den Handel an einem organisierten Markt iSe. Notierung steht gem. § 14 I, 2 WpPG dem öffentlichen Angebot gleich[29].

Paragraph 5 WpPG enthält Bestimmungen zum Prospektinhalt und zur Prospektqualität. Der Prospekt muss gem. § 5 I, 1 WpPG in leicht analysierbar und verständlicher Form sämtliche Angaben enthalten, die im Hinblick auf den Emittenten und die öffentlich angebotenen oder zum Handel an einem organisierten Markt zugelassenen Wertpapiere notwendig sind, um dem Publikum ein Urteil über die Vermögenswerte und Verbindlichkeiten, die Finanzlage, die Gewinne und Verluste, die Zukunftsaussichten des Emittenten und jedes Garantiegebers sowie über die mit diesen Wertpapieren verbundenen Rechte zu ermöglichen. Darüber hinaus ist der Prospekt zu berichtigen, wenn sich nach seiner Herausgabe wesentliche Umstände geändert haben[30].

Der Mindestinhalt eines Prospekts ergibt sich aus § 7 WpPG. Als Mindestinhalt ist dementsprechend die Verordnung Nr. 809/2004 der Kommission vom 29. April 2004 zur Umsetzung der Richtlinie 2003/71/EG des Europäischen Parlaments und des Rates betreffend die in Prospekten enthaltenen Informationen sowie das Format, die Aufnahme von Informationen mittels Verweis und die Veröffentlichung solcher Prospekte und die Verbreitung von Werbung zu berücksichtigen[31].

2. Wertpapiere

Zivilrechtlich ist ein Wertpapier eine Urkunde, in der ein privates Recht so verbrieft ist, dass zur Geltendmachung des Rechts die tatsächliche Gewalt über die Urkunde erforderlich ist[32].

Systematisch werden Wertpapiere in drei Gruppen unterteilt. In Inhaber-, Order- und Rektapapiere. Diese Einteilung der Wertpapiere sagt jedoch nichts über die wirtschaftliche Funktion der Wertpapiere aus. So werden Wertpapiere wirtschaftlich in Effekten, zu denen die am Kapitalmarkt frei handelbaren Papiere gehören, in Wertpapiere des Zahlungs- und Kreditverkehrs und in Wertpapiere des Güterumlaufs unterteilt[33].

Der Begriff des Wertpapiers im Sinne des Kapitalmarktrechts ergibt sich aus den § 1 XI, 2, Nr. 1 und 2 KWG; § 2 I WpHG. Eine Besonderheit des kapitalmarktrechtlichen Wertpapierbegriffs ist die Fungibilität und gesteigerte Umlauffähigkeit eines Wertpapiers. Auf Grundlage dieses Grundsatzes kommen

---

[29] *Ekkenga/Maas*, Rn. 112.
[30] BGHZ 123, 106.
[31] ABl. EU Nr. L 149 S. 1, Nr. L 215 S. 3.
[32] *Hueck/Canaris*, S. 1.
[33] *Gursky*, S. 14 f.

als kapitalmarktfähige Wertpapiere insbesondere Aktien[34] und Schuldverschreibungen iSv. Pfandbriefen, Kommunal- und Industrieobligationen, die an einem Markt gehandelt werden können, in Betracht. Seit 2004 fallen unter die Gruppe der kapitalmarktfähigen Wertpapiere auch Vermögensanlagen auf dem „grauen Kapitalmarkt"[35]. Dabei lässt sich das Konstrukt des „grauen Kapitalmarktes" nicht ausdrücklich definieren, sondern nur anhand von Charakteristika unterscheiden. Der Markt des „grauen Kapitals" operiert mit nicht in Wertpapieren verbrieften verschiedenen Risikokapitalanlagen[36]. Diese zeichnen sich durch einen geringen Organisationsgrad und kaum ausgebildete Sekundärmärkte aus[37]. Die auf dem „grauen Kapitalmarkt" gehandelten Kapitalmarktprodukte fielen lange nicht unter das Kreditwesengesetz oder das Wertpapierhandelsgesetz[38]. Nunmehr werden gem. § 8f I VerkProspG ausdrücklich auch Anteile an geschlossenen Immobilienfonds, Bauherrenmodelle und Beteiligungen an Abschreibungsgesellschaften, die in Form von Kommandit- oder Treuhandanteilen an einer Publikumskommanditgesellschaft ausgegeben werden und dementsprechend eindeutig dem „grauen Kapitalmarkt" zuzuordnen sind, als Wertpapiere betrachtet[39].

Wertpapiere im zivilrechtlichen, nicht aber kapitalmarktrechtlichen Sinne sind Wechsel, Schecks und die handelsrechtlichen Wertpapiere iSd. § 363 II HGB sowie Hypotheken- und Grundschuldbriefe iSd. §§ 1116 I; 1192 I BGB[40].

a. Inhaberpapiere

Inhaberpapiere sind Wertpapiere, bei denen der jeweilige Inhaber des Wertpapiers ohne zusätzlichen Nachweis einer Berechtigung das verbriefte Recht geltend machen kann[41]. Dabei lauten Inhaberpapiere im Gegensatz zu Orderpapieren und Rektapapieren nicht auf den Namen eines Begünstigten. Zu den echten Inhaberpapieren gehören Inhaberschecks mit Überbringerklausel, Inhaberaktien und Inhaberschuldverschreibungen[42].

Die Übertragung erfolgt durch Übereignung des Papiers nach den sachenrechtlichen Bestimmungen der §§ 929 ff. BGB, durch Einigung und Übergabe. Mit der Übergabe des Inhaberpapiers an den Käufer geht das im Inhaberpapier

---

[34] *Palandt-Heinrichs*, § 91 Rn. 2.
[35] *Arendts* in: Büchting, Rn. 8 ff.
[36] *Bruski* in: Schimansky/Bunte/Lwowski, § 104 Rn. 8.
[37] *Bruski* in: Schimansky/Bunte/Lwowski, § 104 Rn. 8.
[38] *Ekkenga/Maas*, Rn. 19.
[39] *Ekkenga/Maas*, Rn. 19.
[40] *Gursky*, S. 13 f.
[41] *Brox/Henssler*, Rn. 521.
[42] *Gursky*, S. 110.

verbriefte Recht automatisch auf den Erwerber über[43]. Das Recht aus dem Papier folgt somit dem Recht am Papier[44].

Inhaberpapiere genießen einen erweiterten Gutglaubensschutz gem. § 935 II BGB. Demnach können Inhaberpapiere selbst dann gutgläubig erworben werden, wenn sie dem rechtmäßigen Eigentümer gestohlen wurden, verloren gegangen oder in sonstiger Weise abhanden gekommen sind[45]. Eine Einschränkung von dieser Regelung betrifft insbesondere Kreditinstitute gem. § 367 I HGB. Kreditinstitute fallen unter den Gutglaubensschutz nur, wenn der Verlust des Papiers nicht im elektronischen Bundesanzeiger bekannt gemacht worden ist und seit dem Ablauf des Jahres, in dem die Veröffentlichung erfolgt ist, nicht mehr als ein Jahr verstrichen war.

b. Orderpapiere

Orderpapiere sind auf einen Namen lautende Wertpapiere, die durch Einigung, und Übergabe übertragen werden können[46].

Wertpapierrechtlich wird bei den Orderpapieren zwischen geborenen und gekorenen Orderpapieren unterschieden. Geborene Orderpapiere sind kraft Gesetzes Orderpapiere, während gekorene Orderpapiere erst durch das Hinzufügen einer positiven Orderklausel zu Orderpapieren ausgestaltet werden können[47]. Fehlt eine derartige Orderklausel, werden die Papiere den Rektapapieren zugeordnet[48]. Im deutschen Recht sind Bestimmungen zu Orderpapieren in spezialgesetzlichen Regelungen des Scheckgesetzes, des Wechselgesetzes, des Aktiengesetzes und des Handelsgesetzbuches zu finden.

Sowohl geborene, als auch gekorene Orderpapiere werden durch ein Indossament, einem gesetzlich vorgeschriebenen schriftlichen Bestätigungsvermerk, übertragen. Der Aussteller des Indossaments wird Indossant, der Empfänger Indossatar genannt[49]. Der Indossant legitimiert sich als Berechtigter durch eine ununterbrochene Kette von Indossamenten. Die Kette muss dabei einen Rückschluss auf den ursprünglichen Aussteller der Urkunde zulassen[50]. Der Indossant ist berechtigt, alle Rechte aus dem Orderpapier im eigenen Namen geltend zu machen. Der Erwerb unterliegt gem. § 365 I HGB; Art. 16 II WG dem

---

[43] *Habersack*, § 793 Rn. 14.
[44] *Brox/Henssler*, Rn. 523.
[45] *Gursky*, S. 113.
[46] *Brox/Henssler*, Rn. 525.
[47] *Habersack*, § 793, Rn. 15.
[48] *Hakenberg* in: Ebenroth/Boujong/Joost/Strohn, § 363, Rn. 5.
[49] *Brox/Henssler*, Rn. 525.
[50] *Gehrlein* in: Bamberger/Roth, § 793, Rn. 4.

Gutglaubensschutz[51]. Bei einer lückenhaften Indossamentenkette kommt ein Gutglaubensschutz nicht zur Anwendung[52]. Der Schuldner kann dann seine Leistung verweigern.

c. Rektapapiere

Rektapapiere sind Wertpapiere, die auf einen bestimmten Namen lauten. Zu ihnen gehören das Sparbuch, Namenspapiere mit Inhaberklausel, nicht an Order gestellte handelsrechtliche Wertpapiere, Wechsel und Schecks mit negativer Orderklausel sowie Hypotheken-, Grundschuld- und Rentenschuldbrief[53].

Die Übertragung des verbrieften Anspruchs erfolgt durch Abtretung[54]. Dabei soll die Leistung direkt an den im Papier benannten Empfänger erfolgen. Aus diesem Grund eignen sich Rektapapiere nicht zum Handel. Dabei stellen insbesondere das Abtretungserfordernis und in einigen Fällen die gesetzlich vorgesehene Übergabe Hindernisse dar, die die Verkehrsfähigkeit der Rektapapiere deutlich einschränken[55].

Bei Rektapapieren steht grundsätzlich das verbriefte Recht selbst und nicht die Urkunde an sich im Vordergrund[56]. Aus diesem Grund kommen die sachenrechtlichen Grundsätze nicht zur Anwendung. Die in den Papieren verbrieften Forderungen oder sonstige Rechte werden im Wege der schuldrechtlichen Zession gem. §§ 398 ff; 413 BGB übertragen. Die Urkunde selbst dient lediglich zum Schutz des Schuldners, der nur gegen Aushändigung der Urkunde schuldbefreiend an jeden Inhaber zu leisten braucht[57]. Bei Hypotheken-, Grundschuld- und Rentenschuldbriefen ist jedoch eine Übergabe gem. § 1154 I BGB gesetzlich vorgeschrieben.

Gem. § 952 II BGB stehen auch die übrigen Rektapapiere dem jeweiligen Gläubiger zu. Bei Übertragung der Papiere erhält der neue Gläubiger des verbrieften Anspruchs gem. §§ 412; 985; 952 I, 2 BGB ein Recht gegen den alten Gläubiger auf Herausgabe von Sparbuch oder Versicherungspolice. Zudem muss der bisherige Gläubiger gem. § 402 BGB alle Urkunden an den neuen Gläubiger herausgeben.

Bei Rektapapieren ist gem. §§ 398; 952 BGB grundsätzlich kein gutgläubiger Erwerb möglich. Ausgenommen hiervon sind jedoch Hypotheken-, Grund-

---

51 *Schinzler*, S. 19.
52 *Staub/Koller*, 156 ff.
53 *Brox/Henssler*, Rn. 530.
54 *Nielsen* in: Schimansky/Bunte/Lwowski, § 100, Rn. 26.
55 *Brox/Henssler*, Rn. 532.
56 *Welter* in: MüKo, § 371, Rn. 36.
57 *Brox/Henssler*, Rn. 531.

schuld- und Rentenschuldbrief[58]. Dabei ist stets derjenige materiell berechtigt, der sich durch eine lückenlose Zessionskette, die einen Rückschluss auf den Aussteller der Urkunde ermöglichen muss, legitimieren kann.

d. Effekten

Bei den Wertpapieren gehören nur die Effekten zu den kapitalmarktfähigen Wertpapieren, die einem Unternehmen regelmäßig zur Kapitalaufnahme und hat –anlage dienen[59]. Sie unterscheiden sich von den anderen Wertpapieren vor allem durch ihre Fungibilität und Zirkulationsfähigkeit[60]. Unter fungiblen Wertpapieren versteht man dabei Wertpapiere, die unter den Tatbestand einer vertretbaren Sache gem. § 91 BGB fallen und somit im Verkehr nur ihrer Anzahl nach bestimmbar sind. Die Zirkulationsfähigkeit eines kapitalmarktfähigen Wertpapiers wird durch den bestehenden Gutglaubensschutz, der durch die Verbriefung der Wertpapiere gewährt wird, erreicht[61].

Auch kapitalmarktfähige Wertpapiere verbriefen Rechte in einer Urkunde. Allerdings werden heutzutage die meisten kapitalmarktfähigen Wertpapiere in sog. Globalurkunden zusammengefasst und bei einer Wertpapiersammelbank hinterlegt[62]. Eine Übertragung von einem in einer Globalurkunde nach § 9a I, 1 DepotG verbrieften Wertpapier vollzieht sich dann lediglich durch Einigung und Umbuchung auf ein Depotkonto[63], wobei ein Anspruch auf Lieferung von Einzelstücken regelmäßig gem. § 9a III, 2 DepotG iVm. § 10 V AktG ausgeschlossen ist.

Zu den kapitalmarktfähigen Wertpapieren gehören in Deutschland Aktien, Anleihen, aktienverwandte Produkte, Termingeschäfte bzw. Derivate und Anteile an Investmentfonds, welche nachfolgend kurz dargestellt werden sollen.

Aktien zeichnen sich dadurch aus, dass sie ihren Inhaber zum Aktionär und damit Eigenkapitalgeber einer Aktiengesellschaft machen. Aktienemissionen finden beim Börsengang, bei Kapitalerhöhungen börsennotierter Aktiengesellschaften und bei Umplatzierungen von Aktien statt[64].

Anleihen sind im Prinzip Darlehen, die einen Rückzahlungsanspruch und Zinszahlungen in bestimmter Höhe als Entgelt für die Überlassung des Kapitals verbriefen. Sie werden vor allem von Unternehmen, aber auch von der öffent-

---

[58] *Brox/Henssler*, Rn. 532.
[59] *Gursky*, S. 13.
[60] *Grunewald/Schlitt*, S. 7.
[61] *Lenenbach*, Rn. 2.4.
[62] *Grunewald/Schlitt*, S. 7.
[63] *Grunewald/Schlitt*, S. 7.
[64] *Grunewald/Schlitt*, S. 7.

lichen Hand zum Zwecke einer bankenunabhängigen Fremdkapitalbeschaffung ausgegeben. Anders als bei Aktien wird der Investor von Anleihen nicht zum Aktionär, sondern zum Gläubiger der Gesellschaft[65].

Zu den aktienverwandten Produkten gehören Anlageprodukte, die sowohl Eigenschaften als Eigenkapital als auch als Fremdkapital aufweisen. In der Praxis relevant sind dabei vor allem die Wandel- und Optionsschuldverschreibung gem. § 221 AktG[66].

Termingeschäfte bzw. Derivate sind Produkte, die sich auf ein anderes Finanzprodukt, den sog. Basiswert, beziehen. Als Finanzprodukte kommen Kapitalmarkt-, Geldmarkt- und Devisenprodukte in Betracht. Darüber hinaus werden Termingeschäfte erst zu einem zukünftigen Zeitpunkt abgewickelt. Dabei werden sie in Future und Options unterteilt[67]. Von Futures spricht man, wenn ein bereits bei Vertragsschluss festgelegter Preis für ein Geschäft zu einem späteren Zeitpunkt zu zahlen ist. Die Erfüllung des verbindlichen Geschäfts wird somit in die Zukunft verschoben[68]. Daneben verbrieft eine Option das Recht zu einem zukünftigen Zeitpunkt, Finanztitel zu einem bestimmten Preis zu kaufen bzw. zu verkaufen (‚Call' oder ‚Put' Option). Futures und Optionen werden regelmäßig in Portfolios verwendet, um Kursrisiken abzusichern[69].

Investmentfondsanteile verbriefen ein Anteilsrecht an einem Publikumssondervermögen bzw. einem Spezialsondervermögen, das im Sinne der Risikominimierung aus verschiedenen Finanzprodukten wie z. B. Wertpapieren und Geldmarktinstrumenten zusammengesetzt ist[70]. Dabei wird das Publikumssondervermögen durch eine Kapitalanlagegesellschaft iSd. Investmentgesetzes auf Rechnung der Anleger verwaltet.

3. Anteile an Investmentfonds

Ein weiteres wichtiges Instrument der Kapitalmärkte sind Anteile an Investmentfonds. Anteile an Investmentfonds unterliegen in Deutschland dem Grundsatz der Risikomischung und setzten sich daher aus verschiedenen Vermögensgegenständen wie Wertpapieren, Geldmarktinstrumenten, Derivaten, Bankguthaben und Grundstücken zusammen[71]. Anteile an Investmentfonds fallen in Deutschland unter das Investmentgesetz und werden als Vermögen

---

[65] *Gursky*, S. 13.

[66] *Grunewald/Schlitt*, S. 8.

[67] *Buck-Heeb*, Rn. 87.

[68] *Grunewald/Schlitt*, S. 8.

[69] *Buck-Heeb*, Rn. 86.

[70] *Gursky*, S. 127.

[71] *Steiner*, S. 39.

zur gemeinschaftlichen Kapitalanlage iSv. § 2 IV InvG definiert[72]. Dabei können Investmentvermögen in Deutschland in zwei Formen verwaltet werden. Zum einen durch eine sog. Kapitalanlagegesellschaft iSd. § 2 I InvG, die das Vermögen des Fonds als Publikums- oder Spezial-Sondervermögen verwaltet, oder als Investmentaktiengesellschaft, die als Aktiengesellschaft agiert und sich in ihrer Satzung zur Anlage und Verwaltung von Mitteln nach dem Grundsatz der Risikomischung zur gemeinschaftlichen Kapitalanlage verschrieben hat[73]. Beide Formen unterliegen der Erlaubnispflicht der BaFin. Die Kapitalanlagegesellschaft unterliegt als Spezialkreditinstitut den Vorschriften des KWG und kann mit einem Kapital von 730.000 Euro gegründet werden[74], während auf die Investmentaktiengesellschaft nur ausgewählte Vorschriften anwendbar sind und eine Gründung bereits bei einem Kapitaleinsatz von 300.000 Euro möglich ist[75].

Kapitalanlagegesellschaften des deutschen Rechts sind gem. § 2 VI InvG Unternehmen, deren Unternehmensgegenstand in der Verwaltung von inländischen Investmentvermögen und der individuellen Vermögensverwaltung unter dem Grundsatz einer Risikodiversifikation und der gemeinschaftlichen Anlage besteht. Aufgrund ihres Typus als Sondervermögen sind Kapitalanlagegesellschaften keine juristischen Personen[76]. § 2 II, 2 InvG bestimmt, dass die Kapitalanlagegesellschaft das Fondsvermögen auf Rechnung der Anleger und nach den gesetzlichen Bestimmungen des Investmentrechts verwaltet. Als Rechtsform der Kapitalanlagegesellschaft ist gem. § 6 I, 2 InvG dabei zwingend die Form einer Aktiengesellschaft oder einer GmbH vorgesehen[77].

Die Eigentümerstellung der Anleger kann in Deutschland auf zwei Wegen gestaltet werden. Zum einen besteht die Möglichkeit der Miteigentumslösung, zum anderen die der Treuhandlösung[78]. Bei der Miteigentumslösung gem. § 30 I, 1, Alt. 2 InvG werden Eigentum am Fonds nach Bruchteilen iSv. §§ 1008; 741 ff. BGB erworben. Dementsprechend verwaltet die Verwaltungsgesellschaft fremdes Vermögen und tritt nach außen als Vertreterin der Eigentümer auf[79]. Der zweite gestalterische Weg ist der der Treuhandlösung. In diesem Fall wird die Verwaltungsgesellschaft selbst Eigentümerin des Fondsvermögens. Die Verwaltung erfolgt gem. § 30 I, 1, Alt. 1 InvG treuhänderisch für die Anleger.

Anteile an Kapitalanlagegesellschaften fallen in Deutschland ausdrücklich unter den Regelungsbereich des Kreditwesengesetzes und des Wertpapier-

---

[72] *Buck-Heeb*, Rn. 635.
[73] *Grunewald/Schlitt*, S. 9.
[74] *Wallach* in: Dichtl/Kleeberg/Schlenger, S. 57.
[75] *Monschein*, S. 35.
[76] *Köndgen/Schmies* in: Schimansky/Bunte/Lwowski, Rn. 55.
[77] *Köndgen/Schmies* in: Schimansky/Bunte/Lwowski, Rn. 50.
[78] *Köndgen/Schmies* in: Schimansky/Bunte/Lwowski, Rn. 57.
[79] *Spitzweg*, S. 97.

handelsgesetzes. Entscheidendes Kriterium beim Wertpapierbegriff für Finanzinstrumente ist dabei die Handelbarkeit an einem Markt, die Fungibilität und die Umlauffähigkeit[80]. Werden die Kriterien bejaht, sollen insbesondere aufsichtsbehördliche Kontrollen der Gesetze Anwendung finden[81]. Dementsprechend erfasst der im Kreditwesens- und Wertpapierhandelsgesetz erlassene Wertpapierbegriff auch Investmentanteile an Kapitalanlagegesellschaften.

Die Verbriefung von Anteilen an Sondervermögen erfolgt in Deutschland gem. §§ 33 I, 1; 34 I, 1 InvG in Anteilsscheinen. Die Anteilsscheine stellen nach herrschender Meinung Wertpapiere eigener Gattung dar, da sie mit dem in ihnen verbrieften Rechten mit anderen Wertpapieren nicht vergleichbar sind[82]. So können Anteilscheine gem. § 33 I, 2 InvG als echte Inhaberpapiere oder Namensaktien ausgestaltet sein. Dabei ist es gem. § 33 I, 3 InvG möglich mehrere Anteile in einem Anteilsschein zu verbriefen.

Die Investmentaktiengesellschaft wird in den §§ 96-111 InvG behandelt. Gem. § 2 V InvG ist eine Investmentaktiengesellschaft deutschen Rechts eine Aktiengesellschaft, deren Unternehmenszweck auf die Anlage und Verwaltung ihres Vermögens nach Risikodiversifikationsgrundsätzen und dem Prinzip der gemeinschaftlichen Anlage in bestimmte Vermögensgegenstände, ausgerichtet ist. Dementsprechend finden neben den Spezialregelungen des Investmentrechts auch die Regelungen des deutschen Aktiengesetzes auf Investmentaktiengesellschaften Anwendung. Dabei sind allerdings viele Vorschriften bei der Anwendung auf Investmentaktiengesellschaften gem. § 99 I InvG ausgeschlossen. So kann bspw. die Satzung einer Investmentaktiengesellschaft von zwingenden Vorschriften des deutschen Aktienrechts im Besonderen bei Kapitalbeschaffung und Kapitalherabsetzung abweichen[83].

Nach der Novellierung des Investmentrechts 2007 gibt es gem. § 105 I InvG nur noch die Möglichkeit eine Investmentaktiengesellschaft mit veränderlichem Kapital zu gründen. Dieser Sonderform der Investmentaktiengesellschaft ist es möglich, innerhalb der in der Satzung festgemachten Mindest- und Höchstkapitalbeträgen, stetig neue Aktien auszugeben, zurückzukaufen oder weiter zu veräußern[84]. Beliebt ist diese Gestaltungsform insbesondere bei Hedgefonds als Sondervermögen mit bestimmten Risiken[85].

---

[80] *Schlüter*, S. 56.
[81] *Schlüter*, S. 56.
[82] *Baur*, Band 1, § 1 Rn. 1f.
[83] *Buck-Heeb*, S. 258.
[84] *Buck-Heeb*, S. 258.
[85] *Spitzweg*, S. 153

Das Grundkapital der Investmentaktiengesellschaften wird gem. § 96 I, 4 InvG Gesellschaftskapital genannt und umfasst das gesamte Nettovermögen der Gesellschaft. Das Kapital kann dabei aufgrund der Veränderlichkeit nicht genau ausgewiesen werden und verändert sich durch Wertschwankungen, und die Aus- und Rückgabe von Aktien[86].

Die Aktien der Investmentaktiengesellschaft als Anteile der Aktionäre werden gem. § 96 I, 3 und 4 InvG als Stückaktien ohne Nennbetrag ausgegeben. Anders als bei den Kapitalanlagegesellschaften, wo grundsätzlich die Möglichkeit des Miteigentums bzw. der Treuhänderschaft besteht, wird das Vermögen der Anteilseigner, die Aktionäre sind, zum Eigentum der Investmentaktiengesellschaft. Bei der Aktionärsstellung ist dabei gem. § 96 I, 2 InvG zwischen Unternehmensaktionären und Anlageaktionären zu unterscheiden., wobei bei Anlageaktionären der Fokus auf die vermögensmäßige Beteiligung am Unternehmen gerichtet ist, während bei Unternehmensaktionären unternehmerische und organisatorische Ziele vorrangig verfolgt werden. Soll die Investmentaktiengesellschaft ohne Eigenverwaltung, also ohne Unternehmensaktionäre errichtet werden, besteht gem. § 96 IV InvG die Möglichkeit einer Fremdverwaltung. Dabei hat eine Fremdverwaltung zwingend durch eine Kapitalanlagegegesellschaft zu erfolgen.

Neben der Gestaltung eines Investmentfonds als Investmentaktiengesellschaft besteht darüber hinaus gem. § 100 InvG die Möglichkeit einer „Umbrella-Konstruktion" als Investitionsaktiengesellschaft mit Teilgesellschaftsvermögen. Die Teilgesellschaftsvermögen entsprechen in diesem Sinne Teilfonds, die sich anhand der Anlagepolitik, Haltedauer oder anderer Kriterien voneinander unterscheiden[87].

4. Haftung

Die Haftung im Kapital- und Wertpapiermarktrecht findet in verschiedenen Gesetzen und unter verschiedenen Haftungsparametern Ausdruck. Grundsätzlich kann zwischen spezialgesetzlicher Prospekthaftung, zivilrechtlicher Prospekthaftung, Haftung für Verschulden bei Vertragsschluss und der Haftung aufgrund unerlaubter Handlung unterschieden werden. Nachfolgend sollen die Haftungsarten der spezialgesetzlichen und zivilrechtlichen Prospekthaftung kurz und überblicksartig ohne Anspruch auf Vollständigkeit vorgestellt werden.

---

[86] *Buck-Heeb*, S. 258.
[87] *Giurgiu*, S. 33.

a. spezialgesetzliche Prospekthaftung

Die spezialgesetzliche Prospekthaftung ergibt sich aus den §§ 44 ff BörsG und aus den §§ 13, 13a VerkProspG. Eine ähnliche Regelung findet sich in § 127 InvG. Die herrschende Meinung geht grundsätzlich von einem uneingeschränkten Vorrang der Prospekthaftungsansprüche gegenüber den Kapitalerhaltungsgrundsätzen aus[88].

Nach den gesetzlichen Grundlagen erstreckt sich die Prospekthaftung gem. § 30 II, Nr. 2 BörsG auf Börsenzulassungsprospekte, gem. § 51 I, Nr. 2 BörsG auf Unternehmensberichte, gem. §§ 1; 8f. VerkProspG auf Verkaufsprospekte und gem. §§ 44 IV BörsG; 13 I VerkProspG auf alle gleichgestellten schriftlichen Darstellungen, aufgrund der ein Emittent von der Pflicht zur Veröffentlichung eines Prospektes befreit wurde. Darüber hinaus findet die spezialgesetzliche Prospekthaftung auch Anwendung auf dem „grauen Kapitalmarkt"[89]. Von der Prospekthaftung erfasst werden gem. § 44 I, 3 BörsG nicht nur Erstemission und Emission auf Grundlage einer Kapitalerhöhung, sondern auch alle bestehenden und von den prospektgegenständlichen Wertpapieren nicht unterscheidbaren Wertpapiere[90]. Keiner spezialgesetzlichen Prospekthaftung unterliegen hingegen Zwischenberichte gemäß § 40 BörsG, Publikationen gemäß § 39 I, Nr. 3 BörsG iVm. §§ 63 ff. BörsZulV, Ad-hoc-Mitteilungen gemäß § 15 WpHG und entsprechende Bekanntmachungen wie Bezugsrechts- und Zeichnungsaufforderungen[91].

Damit die spezialgesetzliche Prospekthaftung greift, muss es sich zudem gem. §§ 44 I, 1 BörsG; 13 I, Nr. 1 VerkProspG um einen entgeltlichen Erwerb von Wertpapieren im Inland innerhalb eines Zeitraumes von sechs Monaten nach Einführung der Wertpapiere an der Börse bzw. nach Abgabe des ersten öffentlichen Angebots handeln[92]. Voraussetzung ist weiter, dass die für die Beurteilung der Wertpapiere wesentlichen Angaben unrichtig oder unvollständig gemacht worden sind[93], also der Prospekt fehlerhaft ist[94]. Wesentlich sind dabei alle Angaben, die für eine objektive, begründete und fundierte Entscheidung als notwendig erachtet werden[95].

Eine spezialgesetzliche Haftung kommt des Weiteren nur in Betracht, wenn grobe Fahrlässigkeit vorliegt, wobei ein Verschulden des Prospektverpflichte-

[88] *Renzenbrink/Holzner*, BKR 2002, 434, 436 f.
[89] *Schäfer*, ZGR 2006, 40, 71.
[90] *Pötzsch*, WM 1998, 949, 949 f.
[91] *Schäfer*, ZGR 2006, 40, 45.
[92] *Schäfer*, ZGR 2006, 40, 48.
[93] *Schäfer*, ZGR 2006, 40, 49.
[94] *Zwissler*, GoingPublic Kapitalmarktrecht 2006, 90, 90.
[95] *Ehricke* in: Hopt/Voigt, 187, 223 ff.

ten in Form von grob fahrlässiger Unkenntnis gem. § 45 I BörsG vermutet wird und Beweismängel stets zu Lasten des Verpflichteten und nicht des Anspruchsberechtigten gehen. Darüber hinaus ist anzumerken, dass wesentliche tatbestandliche Angaben des Prospekts unrichtig oder unvollständig sein müssen[96].

Eine weitere Voraussetzung ist, dass der Prospekt kausal für den Erwerb der Wertpapiere sein muss[97]. Geschützt wird also die individuelle Anlageentscheidung des Anlegers und nicht etwa die Preisintegrität des Marktes[98]. Die haftungsbegründende Kausalität wird durch § 45 II, Nr. 1 BörsG vermutet. Dem Prospektpflichtigen obliegt dabei die Beweislast für das Nichtbestehen einer Kausalität zwischen Prospekt und Erwerb[99].

Die Rechtsfolge für die spezialgesetzliche Prospekthaftung ergibt sich aus § 44 I, 1 BörsG. Demnach ist die Höhe des auf den ersten Ausgabepreis begrenzten Erwerbspreises gegen Rücknahme der Wertpapiere zu ersetzen[100]. Besteht der fehlerhafte Prospekt im Nichtvorhandensein, so sieht § 13a I VerkProspG als Rechtsfolge vor, dass dem Erwerber die Wertpapiere oder Vermögensanlagen gegen den Erwerbspreis und alle mit dem Erwerb verbundenen Kosten erstattet werden können, es sei denn, der erste Erwerbspreis wurde überschritten. Hat der Erwerber die Wertpapiere bzw. Vermögensanlagen bereits weiter veräußert, kann er gem. § 13a II VerkProspG den Unterschiedsbetrages zwischen Erwerbs- und Veräußerungspreis sowie die mit Erwerb und Veräußerung entstandenen Kosten verlangen, es sei denn, der Erwerbspreis überschreitet den ersten Erwerbspreis.

Haftungsadressaten der spezialgesetzlichen Prospekthaftung sind die Prospektverantwortlichen iSd. Prospekterlasser sowie der Prospektveranlasser[101]. Die Gruppe der Prospekterlasser umfasst dabei lediglich die Personen, die in dem Prospekt selbst die Verantwortung übernommen haben[102]. Besteht der fehlerhafte Prospekt im Nichtvorhandensein, haften gem. § 13a I, 1 VerkProspG Emittent und Anbieter der Wertpapiere bzw. Vermögensanlagen gesamtschuldnerisch. Dabei ist im Sinne des effektiven Anlegerschutzes der Kreis der Anbietenden weit auszulegen[103].

---

[96] *Schäfer*, ZGR 2006, 40, 50 f.
[97] *Zwissler*, GoingPublic Kapitalmarktrecht 2006, 90, 91.
[98] *Ehricke* in: Hopt/Voigt, S. 96.
[99] *Zwissler*, GoingPublic Kapitalmarktrecht 2006, 90, 91.
[100] *Schäfer*, ZGR, 40, 56.
[101] *Zwissler*, GoingPublic Kapitalmarktrecht 2006, 90, 90.
[102] *Schäfer*, ZGR, 40, 58.
[103] *Schäfer*, ZGR, 40, 58.

Im Investmentgesetz findet sich zudem eine spezialgesetzliche Prospekthaftung für Investmentfonds. So haften deutsche Kapitalanlagegesellschaften bzw. Investmentaktiengesellschaften für unrichtige oder unvollständige Angaben, die für die Beurteilung des Fondsanteils von wesentlicher Bedeutung sind[104]. Gemäß § 127 InvG kann derjenige, der auf Grund des ausführlichen oder vereinfachten Verkaufsprospekts Anteile gekauft hat, die Übernahme der Anteile gegen Erstattung des gezahlten Betrages gesamtschuldnerisch verlangen. Haftungsadressat ist dabei die Kapitalanlagegesellschaft oder die ausländischen Investmentgesellschaft bzw. der gewerbsmäßige Verkäufer der Anteile. Der Anspruch unterliegt einer Verjährungsfrist von einem Jahr seit dem Zeitpunkt, in dem der Käufer von der Unrichtigkeit oder Unvollständigkeit der Verkaufsprospekte Kenntnis erlangt hat, bzw. drei Jahren ab dem Abschluss des Kaufvertrages.

b. zivilrechtliche Prospekthaftung

Die allgemeine Prospekthaftung wurde vorrangig durch Rechtsprechung entwickelt und knüpft an das Vertrauensverhältnis in Bezug auf die Richtigkeit und Vollständigkeit der in einem Prospekt enthaltenen wesentlichen Angaben iSe. Vertrauenshaftung an[105].

Anwendung findet die zivilrechtliche Prospekthaftung im Wesentlichen auf zwei Haftungstatbestände, die nicht der spezialgesetzlichen Prospekthaftung zugeordnet sind. Dazu zählen zum einen die Veröffentlichung unrichtiger Prospekte neben den gesetzlichen Publizitätspflichten und zum anderen die freiwillige Übermittlung fehlerhafter Prospekte an Anleger[106].

Ein Anleger kann die zivilrechtliche Prospekthaftung in Anspruch nehmen, wenn er den Anschein erwecken kann[107], dass er das Erwerbsgeschäft bei fehlerfreiem und vollständigem Prospekt nicht getätigt hätte. Die gesetzliche Kausalitätsvermutung der spezialgesetzlichen Prospekthaftung findet keine Anwendung[108]. Ansprüche, die sich aus der spezialgesetzlichen Prospekthaftung gem. § 44 BörsG ergeben, können aufgrund des ‚lex specialis' Grundsatzes nicht im Zuge der zivilrechtlichen Prospekthaftung geltend gemacht werden.

Haftungsadressat der zivilrechtlichen Prospekthaftung ist zum einen der Herausgeber eines Prospekts und zum anderen die für dessen Erstellung Verant-

---

[104] *Spitzweg*, S. 223.
[105] BGHZ 145, 187.
[106] BGHZ 123, 106 (109).
[107] BGHZ 79, 337.
[108] *Ekkenga/Maas*, Rn. 434.

wortlichen. Dafür kommen im Besonderen die Initiatoren, die Gründer und Manager einer Gesellschaft, sowie die Personen, die hinter einer Gesellschaft stehen und neben der Geschäftsleitung besonderen Einfluss ausüben, in Betracht[109]. Neben diesem Personenkreis kommen auch Personen mit einer sog. Garantenstellung als Haftungsadressaten in Betracht. Hierzu zählen bspw. Wirtschaftsprüfer[110] und Unternehmensberater[111].

5. Kapitalmarktaufsicht

In Deutschland existiert ein dreistufiges System der Kapitalmarktaufsicht. Als oberste Behörde agiert die Bundesanstalt für Finanzdienstleistungsaufsicht kurz BaFin, die dem Bundesministerium für Finanzen direkt untersteht und gem. § 7 I KWG eng mit der Deutschen Bundesbank und den Aufsichtsbehörden der Länder zusammenarbeitet[112]. Daneben haben sich die Handelsüberwachungsstellen der Wertpapierbörsen zum Beaufsichtigungsorgan der Börsen entwickelt[113].

Die Aufsicht der Kapitalmarkt- und Wertpapierakteure richtet sich nach dem KWG. Gemäß §§ 32 ff. KWG unterliegen natürliche und juristische Personen, die gewerbsmäßig oder in einem Umfang, der einen in kaufmännischer Weise eingerichteten Geschäftsbetrieb erfordert, Bankgeschäfte betreiben bzw. Finanzdienstleistungen erbringen, einer Erlaubnispflicht der BaFin[114]. Darüber hinaus unterliegen sie der Bankenaufsicht.

Die Erlaubnispflicht erstreckt sich im Kapital- und Wertpapiermarkt vor allem auf die Übernahme von Finanzinstrumenten für eigenes Risiko zur Platzierung; oder die Übernahme gleichwertiger Garantien iSe. Emissionsgeschäfts gem. § 1 I, 2, Nr. 10 KWG; den An- und Verkauf von Wertpapieren im eigenen Namen auf Rechnung des Emittenten iSe. Finanzkommissionsgeschäfts gem. § 1 I, 2, Nr. 4 KWG; sowie den An- und Verkauf von Finanzinstrumenten in fremden Namen und auf fremde Rechnung iSe. Abschlussvermittlung gem. § 1 Ia, 2, Nr. 2 KWG.

Die Bundesanstalt für Finanzdienstleistungsaufsicht agiert seit 2002 als einheitliche staatliche Allfinanzaufsicht in Deutschland[115]. Neben der Wertpapieraufsicht hat sie auch die Banken- und Versicherungsaufsicht inne. Die Aufgaben der BaFin ergeben sich vor allem aus dem Wertpapierhandelsgesetz. Gem.

---

[109] BGHZ 79, 337; 71, 284.
[110] BGHZ 145, 187; 77, 172.
[111] *Palandt-Heinrichs*, § 311 BGB Rn. 30.
[112] *Buck-Heeb*, Rn. 667.
[113] *von Rosen* in: Assmann/Schütze, § 2, Rn. 224.
[114] *Fischer* in: Schimansky/Bunte/Lwowski, § 125, Rn. 1.
[115] *von Rosen* in: Assmann/Schütze, § 2, Rn. 226.

§ 4 I WpHG ist sie dazu verpflichtet, Missständen entgegenzuwirken, welche die ordnungsmäßige Durchführung des Wertpapierhandels beeinträchtigen oder erhebliche Nachteile für den Wertpapiermarkt bewirken können. Dabei überwacht die BaFin nicht nur den börsennotierten Wertpapierhandel, sondern auch den außerbörslichen Handel[116].

Auf dem Kapitalmarkt hat die BaFin die Aufgabe, Meldepflichten bei Wertpapiertransaktionen zu überwachen und Insidergeschäfte sowie Markt- und Kurspreismanipulationen zu verfolgen. Zudem obliegt ihr die Überwachung der Mitteilungspflichten und der Compliance Regeln der auf dem Kapitalmarkt agierenden Wertpapierdienstleistungsunternehmen[117]. Darüber hinaus ist sie gem. § 4 WpÜG für die Überwachung öffentlicher Angebote zum Erwerb von Wertpapieren zuständig und prüft die Wertpapierprospekte nach den Vorgaben des Wertpapierprospektgesetzes.

Die BaFin arbeitet zur Wahrung ihrer Aufgaben mit verschiedenen Institutionen im In- und Ausland zusammen[118]. Auf internationaler Ebene agiert die BaFin z. B. mit der englischen ‚Financial Services Authority' und der US-amerikanischen ‚Securities and Exchange Commission'. Auf nationaler Ebene ist die Deutsche Bundesbank neben der BaFin das wichtigste Überwachungsorgan des Kapitalmarkts. Sie übernimmt das gesamte bankenaufsichtliche Anzeigen- und Berichtswesen und gewinnt aus der Prüfung der Meldungen und Berichte bankenaufsichtlich relevante Erkenntnisse bezüglich Solvenz und Risikolage der Teilnehmer am Kapitalmarkt[119]. Darüber hinaus üben die obersten Landesbehörden gem. § 3 I BörsG die Rechtsaufsicht über die Börsen und die Solvenzaufsicht über die Maklerschaft aus. Die Börsenaufsicht agiert dabei in erster Linie über die Handelsüberwachungsstellen, dem Börsenrat und dem Sanktionsausschuss, um die Einhaltung der Vorschriften des Kapitalmarkt- und Wertpapierrechts sicher zu stellen[120].

II. Russland

Für die Regelung des Wertpapiermarktes im russischen Recht sind das russische Zivilgesetzbuch, das föderale Aktiengesetz, Regelungen der Zentralbank, Regierungsverordnungen, Präsidentenerlasse und Verordnungen des Finanzministeriums von Bedeutung.

---

[116] *Fischer* in: Schimansky/Bunte/Lwowski, § 125, Rn. 1.
[117] *Buck-Heeb*, Rn. 670.
[118] *Haug* in: Schimansky/Bunte/Lwowski, § 123, Rn. 89 ff.
[119] *Buck-Heeb*, Rn. 689.
[120] *Grunewald/Schlitt*, S. 18.

Anders als in Deutschland gibt es in der Russischen Föderation eine spezialgesetzliche Regelung, die das Kapitalmarkt- und Wertpapierrecht fast komplett
abdeckt. Das Föderale Gesetz Nummer 39-FZ „über den Wertpapiermarkt"
(RFWpmG) ist die wesentliche rechtliche Grundlage für den russischen Wertpapiermarkt und trat am 22.04.1996 in Kraft. Das RFWpmG enthält grundle-
gende Regelungen zur Tätigkeit sog. berufsmäßiger Teilnehmer am Wertpapiermarkt, zur Emission und den Umlauf von Wertpapieren, sowie zur In-
formationsoffenlegung und Regulierung des Wertpapiermarkts durch die öffentlichen Stellen. Darüber hinaus enthält es Regelungen für die Tätigkeit von
Börsen. Für wertpapieremittierende Aktiengesellschaften enthält das Gesetz
„über Aktiengesellschaften" Regelungen zu Aktien, Obligationen und anderen
Emissionswertpapieren[121]. Daneben erhalten auch das russische Zivilgesetzbuch in Kapitel 7 und das föderale Gesetz Nummer 208-FZ Vorgaben für Aktiengesellschaften und Bestimmungen zum Kapitalmarkt- und Wertpapierrecht.

1. Emissionsgeschäft

Wie in Deutschland unterscheidet auch das russische Recht zwischen Primärmarkt bei einer erstmaligen Platzierung von Wertpapieren und Sekundärmarkt
beim Wertpapierhandel[122]. Auch kennt das russische Recht die Unterscheidung
zwischen Selbstemission und Fremdemission. Zudem gibt es wie in Deutschland keine einheitliche Rechtsnatur des Emissionsgeschäfts. Diese richtet sich
nach den beteiligten Akteuren des Geschäfts. Insofern kann auf die Ausführungen zum deutschen Recht verwiesen werden. Grund für die starke Anglei-
chung der rechtlichen Ausgestaltung des Kapitalmarktes ist die Berücksichtigung der kontinentaleuropäischen, aber auch der angloamerikanischen
Rechtsordnungen des Kapitalmarktes bei Entstehung der Kapitalmarktregle-
mentierungen Mitte der 90er Jahren im letzten Jahrhundert[123], sowie die
Orientierung an den Genfer Konventionen vom 19.3.1931 bei der Ausgestaltung der Regelungen[124].

a. Emission

Im russischen Recht gibt es wie im deutschen Recht die grundsätzliche Unterscheidung zwischen einer Anleihe- und einer Aktienemission, wobei eine Anleiheemission Fremdkapital generierend wirkt, während eine Aktienemission
Eigenkapital generierend wirkt.

---

[121] *Micheler*, S. 337.
[122] *Borovskaya*, unter 6.1.
[123] *Micheler*, S. 389.
[124] *Koschmieder*, Kieler-Ostrecht-Notizen, 5/99, 13, 14.

Ähnlich dem deutschen Recht unterscheidet das russische Recht auch zwischen einer öffentlichen oder auch organisierten und einer privaten oder auch freien Platzierung von Wertpapieren[125]. Dabei richtet sich eine öffentliche Platzierung an alle Anleger und erfolgt über die Börsenplätze, während eine private Platzierung auf dem „freien Markt" ohne Börsennotierung regelmäßig als Vermittlungsgeschäft zwischen Käufer, Verkäufer und Mittler erfolgt[126]. Die Unterscheidung zwischen öffentlicher und privater Emission ist im russischen Recht elementar und zieht unterschiedliche Regularien nach sich. So ist eine öffentliche Platzierung, auf Grund des Anlegerschutzes, deutlich höher reglementiert als eine private. Dies äußert sich insbesondere durch Publizitäts- und Prospektierungspflichten.

Zur Unterscheidung zwischen öffentlich und privat emittierten Wertpapieren gibt das russische Recht Kriterien vor. Die öffentliche Emission ist durch eine Vielzahl von Transaktionen, die in einem kurzen Zeitraum durchgeführt werden, gekennzeichnet, wobei Geld- und Briefkurse nur unwesentlich differieren[127]. Der Primär- und Sekundärmarkt wird über die Börse abgewickelt. Akteure einer öffentlichen Emission sind demnach Emittent und Anleger. Die private Emission ist auf eine beschränkte Anlegergruppe, meist im höheren Anlagesegment ausgerichtet und wird nur in geringer Zahl angeboten[128]. Darüber hinaus kann sie der regionalen Wirtschaftsintegration oder der sozialen Infrastruktur dienen. Als Akteure der privaten Emissionen treten vorrangig sog. ‚Broker-Dealer Unternehmen' und Banken und Investmentgesellschaften auf. Diese vermitteln ein häufig spezialisiertes Wertpapierangebot zwischen Emittenten und Anleger[129].

In Russland werden Geschäfte mit an den Börsen gehandelten Wertpapieren über Wertpapierdepots abgewickelt[130]. Die Wertpapierdepots sind im russischen Wertpapiermarktgesetz und in weiteren Verordnungen geregelt. Wertpapierdepots übernehmen Depositartätigkeiten, indem sie gem. Art. 7 RFWpmG der Aufbewahrung von Wertpapierzertifikaten, der Buchführung und der Übertragung von Rechten an Wertpapieren dienen.

Die Emission von Wertpapieren in Russland erfolgt durch verschiedene Schritte. Das Standardverfahren ist in Art. 19 RFWpmG geregelt. Demnach hat ein Unternehmen zunächst eine Entscheidung über die Absicht, Aktien platzieren zu wollen, zu treffen[131]. Dann erfolgt eine Entscheidung bezüglich der Ausga-

---

[125] *Borovskaya*, unter 6.1.
[126] *Borovskaya*, unter 6.1.
[127] *Borovskaya*, unter 6.1.
[128] *Borovskaya*, unter 6.1.
[129] *Borovskaya*, unter 6.1.
[130] *Micheler*, S. 345.
[131] *Micheler*, S. 364.

bewerte der Emissionspapiere. Anschließend ist die Ausgabe von Beteiligungsrechten bei der staatlichen Zulassungsbehörde, dem Föderalen Dienst für Finanzmärkte, zu registrieren[132]. Im Anschluss erfolgt die Platzierung der Aktien bei den primären Eigentümern. Auch die Platzierung ist bei der Zulassungsbehörde, staatlich zu registrieren. In einigen Fällen können Aktienplatzierung und staatliche Registrierung gleichzeitig ablaufen[133]. Dies ist bspw. der Fall, wenn eine Aktiengesellschaft neu gegründet wird, oder im Sinne einer Fusion, Spaltung bzw. Wandlung reorganisiert wird.

Erfordert die Wertpapieremission einen Wertpapierprospekt, erweitert sich das Standardverfahren des Art. 19 RFWpmG um die Vorbereitungsphase des Emissionsprospekts, die Registrierung des Emissionsprospekts und die Offenlegung der im Emissionsprospekt enthaltenden Informationen sowie die Offenlegung der Informationen des Berichts über die Ergebnisse der Wertpapieremission.

Der Föderale Dienst für Finanzmärkte kann die Registrierung gem. Art. 21 RFWpmG unter bestimmten Voraussetzungen versagen. Dies ist bspw. der Fall, wenn der Emittent die Anforderungen der Wertpapiergesetzgebung der Russischen Föderation verletzt, oder falsche Angaben in den Emissionsprospekt oder in die Entscheidung über die Ausgabe der Wertpapiere einbringt. Gegen die Versagung der Registrierung bzgl. einer Emission steht gem. Art. 21 II RFWpmG der Rechtsweg vor den ordentlichen Gerichten und den Arbitragegerichten offen[134].

b. Exkurs: Wertpapieremission von ausländischen Unternehmen in der RF

Das kürzlich in Kraft getretene Gesetz vom 28. April 2009 hat die Zulassungsvoraussetzungen von ausländischen öffentlich gehandelten Wertpapieren am russische Kapitalmarkt und dadurch den Handel mit russischen Investoren über die Staatsgrenzen hinaus deutlich erleichtert[135].

Nach alter Rechtslage bedurfte der öffentliche Wertpapierhandel ausländischer Wertpapiere an einer russischen Börse einem speziellen Prüf- und Genehmigungsverfahren und konnte nur für bestimmte überregionale Finanzorganisationen auf Grundlage eines bilateralen Abkommens oder auf Grundlage einer Einigung zwischen dem Föderalen Dienst für Finanzmärkte und der

---

[132] *Micheler*, S. 364.
[133] *Micheler*, S. 365.
[134] *Micheler*, S.366.
[135] *Dobatkin/Murygin/Karachourina*, S. 1.

zuständigen Sitzstaatbehörde des Emittenten gewährt werden[136]. Die unzureichenden Vereinbarungen der ausländischen Staaten mit dem Föderalen Dienst für Finanzmärkte und die Intransparenz bezüglich der konkreten Erfordernisse einer Vereinbarung mit dem Föderalen Dienst führten bislang dazu, dass die Emission und der Handel öffentlicher ausländischer Wertpapiere in Russland faktisch unmöglich waren[137].

Nach den neuen Regelungen ist nunmehr das öffentliche ,Listing' und der öffentliche Handel eines ausländischen Wertpapiers möglich, sofern dieses eine internationale Wertpapieridentifikationsnummer (ISIN) und einen internationalen Code für die Klassifikation der Finanzinstrumente (CFI) haben[138]. Darüber hinaus muss es als Wertpapier vom Föderaler Dienst für Finanzmärkte anerkannt werden und von einer juristischen Person emittiert worden sein, die ihren Sitz in einem Mitgliedsstaat der OECD, FATF, MONEYVAL oder dessen Nationalbank hat bzw. ihren Sitz in einem Land hat, dessen Aufsichtsbehörde eine Vereinbarung über die Zusammenarbeit mit dem Föderalen Dienst für Finanzmärkte geschlossen hat, oder von der russischen Regierung als überregionale Finanzorganisation zugelassen wurde[139].

Allerdings erstreckt sich das neue Gesetz lediglich auf den rein regulatorischen Rahmen und erfordert daher noch zahlreiche Durchführungsbestimmungen vom Föderalen Dienst für Finanzmärkte und den russischen Börsen bzgl. konkreter Zulassungsvoraussetzungen für ein ,Listing' an einer russischen Börse und Anforderungen an den Wertpapierprospekt[140]. Weiterhin unklar und daher regelungsbedürftig ist, ob die ausländischen Wertpapiere in ihrem Sitzland an einer bestimmten Börse notiert sein müssen, um auch auf dem russischen Kapitalmarkt zugelassen werden zu können. Auch dahingehend sind Konkretisierungen der russischen Behörden unumgänglich[141].

---

[136] *Dobatkin/Murygin/Karachourina*, S. 1.
[137] *Ganzhala/Prava*, Recent changes in Russian corporate and securities law, Moskau 2009, abrufbar unter: http://www.iflr1000.com/LegislationGuide/236/Recent-changes-in-Russian-corporate-and-securities-law.html, zuletzt abgerufen am: 23.09.2010.
[138] *Dobatkin/Murygin/Karachourina*, S. 2.
[139] *Ganzhala/Prava*, Recent changes in Russian corporate and securities law, Moskau 2009, abrufbar unter: http://www.iflr1000.com/LegislationGuide/236/Recent-changes-in-Russian-corporate-and-securities-law.html, zuletzt abgerufen am: 23.09.2010.
[140] *Ganzhala/Prava*, Recent changes in Russian corporate and securities law, Moskau 2009, abrufbar unter: http://www.iflr1000.com/LegislationGuide/236/Recent-changes-in-Russian-corporate-and-securities-law.html, zuletzt abgerufen am: 23.09.2010.
[141] *Dobatkin/Murygin/Karachourina*, S. 5.

c. Prospektpflichtigkeit

Bei der Prospektpflichtigkeit der Wertpapiere in der Russischen Föderation kommt es vor allem darauf an, um welche Art von Wertpapieren es sich handelt. So sieht Art. 19 RFWpmG eine Registrierung des Prospekts grundsätzlich bei einem öffentlichen Angebot von Wertpapieren vor. Darüber hinaus fallen unter die Prospektpflicht privat gehandelte Wertpapiere, wenn der Anlegerkreis 500 übersteigt oder wenn das Gesamtvolumen der Emission 50.000 minimale Arbeitsentgelte überschreitet. Unter minimalen Arbeitsentgelten wird in diesem Zusammenhang der durch Arrt 133; 421 des Arbeitsgesetzbuches der Russischen Föderation festgelegte Mindestlohn verstanden, der sich am durchschnittlichen Existenzminimum der Bürger orientiert und seit dem ersten Januar 2009 4330 Rubel monatlich, also ca. 103 EURO[142], beträgt[143].

Art. 16 RFWpmG besagt, dass die vom Emittenten gewählte Form der Wertpapiere eindeutig sowohl in seinen Gründungsdokumenten, als auch in dem Emissionsprospekt der Wertpapiere bestimmt sein muss. Darüber hinaus werden Wertpapiere ausländischer Emittenten zur Platzierung auf dem Primärmarkt erst nach Registrierung des Emissionsprospekts durch den Föderalen Dienst für Finanzmärkte der Russischen Föderation zugelassen.

Die allgemeinen Anforderungen an den Emissionsprospekt ergeben sich aus Art. 22 RFWpmG. Danach soll ein Prospekt Angaben zum Emittenten und über die Finanzlage des Emittenten umfassen, sowie Informationen über die beabsichtigte Emission von Wertpapieren enthalten. Gem. Art. 23 RFWpmG ist der Emittent öffentlicher Wertpapiere dazu verpflichtet, allen potenziellen Anlegern Zugang zu den im Emissionsprospekt enthaltenen Informationen zu gewähren. Um dies zu gewährleisten ist er dazu verpflichtet, eine Mitteilung über die Art und Weise der Offenlegung der Information durch periodisierte Printmedien mit einer Auflage von mind. 50.000 Exemplaren zu veröffentlichen.

2. Wertpapiere

Die Definition der Wertpapiere ist in Art. 142 des Zivilgesetzbuches enthalten. Wertpapiere werden wie im deutschen als Urkunde, in der ein privates Recht verbrieft ist und für dessen Geltendmachung der Besitz der Urkunde erforderlich ist, definiert.

---

[142] Wechselkurse vom 04.10.2010.

[143] Gus News: Russland: Medwedjew setzte die Erhöhung der Mindestlöhne in Kraft, 30.06.2008, abrufbar unter: http://www.gusnews.net/2008/06/30/russland-medwedjew-setzte-die-erhohung-der-mindestlohne-in-kraft/, zuletzt abgerufen am: 21.09.2010.

Das russische Recht kennt darüber hinaus in Art. 145 Nr. 1 ZGB wie das deutsche Recht Inhaber-, Order- und Rektapapiere. Diese Untergliederung findet sich in Art. 2 RFWpmG wieder. Art. 146 ZGB enthält zudem für gesetzlich geregelte Fälle die Möglichkeit, Rechte aus Namens- bzw. Orderpapieren als dokumentlose Papiere bspw. durch ein elektronisches Register aufnehmen und übertragen zu lassen[144]. Zur Gruppe der dokumentlosen Papiere zählen dabei der einfache Wechsel und die Namenspapiere[145].

a. Inhaberpapiere

Inhaberpapiere sind Dokumente, mit denen jede Person die Durchsetzung der darin verbrieften Rechte verlangen kann. Die Übertragung erfolgt nach den Grundsätzen der Rechtsübertragung gem. der Art. 382-390 ZGB.

Die Übertragung bzw. die Nutzung von Inhaberpapieren bzw. darin verbrieften Rechten erfordert keine Identifikation des Besitzers. Das Recht an einem dokumentierten Inhaberwertpapier geht im Zeitpunkt der Übergabe dieses Papiers an den Erwerber über. Im Falle einer Verwahrung der Zertifikate von dokumentierten Inhaberwertpapieren oder der Erfassung der Rechte in Depots, erfolgt die Übertragung im Zeitpunkt der Anweisung einer Eingangsbuchung auf das Depotkonto des Erwerbers[146]. Dementsprechend genügt regelmäßig die Aushändigung des Wertpapiers gem. Art. 880 Nr. 1, Art. 146 Nr. 1 ZGB.

Die Wahrnehmung der Rechte aus Inhaberemissionswertpapieren kann dabei bei ihrer Vorlage durch den Besitzer oder eine durch ihn bevollmächtigte Person erfolgen.

Wie im deutschen Recht stellt sich auch im russischen Recht die Frage nach einem gutgläubigen Erwerb von Wertpapieren. Art. 302 Nr. 3 ZGB ermöglicht dabei den gutgläubigen Erwerb von Inhaberpapieren und Geld, selbst dann, wenn die Papiere bzw. das Geld unentgeltlich erworben wurden oder dem Eigentümer abhanden gekommen sind.

b. Orderpapiere

Orderpapiere sind auf einen Namen lautende Wertpapiere. Im russischen Recht werden die Orderpapiere durch Art. 145 ZGB präzisiert. Ebenso wie im deutschen Recht erfolgt auch im russischen Recht die Übertragung eines Or-

---

[144] *Micheler*, S. 338.
[145] Allpravo.Ru: Ценные бумаги как объекты прав, abrufbar unter: http://allpravo.ru/library/doc99p0/instrum4885/, zuletzt abgerufen am: 06.09.2010.
[146] *Micheler*, S. 353.

derpapiers durch Indossament gem. Arrt. 880; 146 Nr. 3 ZGB[147]. Ein Indossament ist dabei ein vom Berechtigten auf das Papier gesetzter Vermerk, durch den erklärt wird, dass die Leistung an einen anderen bewirkt werden soll. Im russischen Recht entfällt allerdings die Notwendigkeit eines Begebungsvertrages, da die Übertragung als einseitiges Rechtsgeschäft ausgestaltet ist[148].

Anders als in Deutschland ist ein gutgläubiger Erwerb von Orderpapieren nach russischem Recht nicht möglich, da Art. 302 Nr. 3 ZGB einen Gutglaubenserwerb ausdrücklich nur für Inhaberpapiere und Geld vorsieht und auch andere Vorschriften keinen Anhaltspunkt für einen Gutglaubensschutz bei Orderpapieren zu lassen[149].

c. Namenspapiere

Die dem angloamerikanischen Raum angelehnten Papiere sind im Gegensatz zum deutschen Recht keine Orderpapiere[150]. Zudem wird in Russland im Gegensatz zu Deutschland die Ausgabe von Namensaktien bevorzugt[151]. Des Weiteren wird in Russland anders als in Deutschland ein Anteilregister für Namensaktien und alle weitern auf Namen lautende Wertpapiere geführt[152].

Die russischen Namenspapiere sind gem. Art. 145 ZGB auf den Namen einer bestimmten Person ausgestellte Wertpapiere, die dazu berechtigen, Befugnisse an eine andere Person zu übertragen.

Während in Deutschland vor allem die Ausgabe von Inhaberpapieren üblich ist, sieht das russische Aktiengesetz gem. Art. 25 II iVm. 44 RFAktG vor, dass nach russischem Recht gegründete Aktiengesellschaften ausschließlich Namensaktien, die in einem Anteilsregister zu erfassen sind, ausgeben dürfen[153]. Die Ausgabe der Namensaktien erfolgt dabei mehrheitlich in dokumentloser Form[154]. Die Besonderheit der dokumentlosen Wertpapieremission besteht allerdings nicht in der Möglichkeit einer elektronischen Übertragung, sondern bezieht sich lediglich auf den Umstand, dass keinerlei Wertpapierzertifikate ausgegeben werden. Zur Übertragung der dokumentlosen Namensaktien sind

---

[147] *Koschmieder*, Kieler-Ostrecht-Notizen, 5/99, 13, 15.
[148] *Koschmieder*, Kieler-Ostrecht-Notizen, 5/99, 13, 15.
[149] *Koschmieder*, Kieler-Ostrecht-Notizen, 5/99, 13, 16.
[150] *Koschmieder*, Kieler-Ostrecht-Notizen, 5/99, 13, 14.
[151] *Micheler*, S. 344.
[152] *Micheler*, S. 344.
[153] *Micheler*, S. 340.
[154] Allpravo.Ru: Ценные бумаги как объекты прав, abrufbar unter: http://allpravo.ru/library/doc99p0/instrum4885/, zuletzt abgerufen am: 06.09.2010.

hingegen eine Vielzahl von Dokumenten und Papieren dem haltenden Anteilsregister vorzulegen[155].

Bei der Übertragung von Namenspapieren ist zwischen dokumentlosem und dokumentiertem Namenspapieren zu unterscheiden.

Bei den dokumentlosen Namenswertpapieren kommt es darauf an, ob die Wertpapiere in einem Anteilsregister gehalten werden, oder ob eine andere Person die Depositartätigkeit ausübt. Im Fall der Erfassung der Rechte bei einer Person mit Depositartätigkeit gehen die Wertpapiere zum Zeitpunkt der Vornahme der Eingangseintragung auf das Depotkonto des Erwerbers über. Werden die Wertpapiere über ein Anteilsregister geführt, gehen sie ab dem Zeitpunkt der Vornahme der Eingangseintragung auf das persönliche Konto des Erwerbers über[156].

Die Übertragung der Rechte an dokumentierten Namenswertpapieren richtet sich abermals danach, ob ein Anteilsregister geführt wird, oder ob eine Person mit der Depositartätigkeit betraut ist. So gehen die Wertpapiere mit den darin verbrieften Rechten im Falle der Registerverwaltung zum Zeitpunkt der Übergabe des Wertpapierzertifikats an den Erwerber und nach Vornahme der Eingangseintragung auf dessen persönliches Konto über, während die Übertragung über eine Person, die mit der Depositartätigkeit vertraut ist, durch Hinterlegung des Wertpapierzertifikats beim Depositar erfolgt und die Wertpapiere ab dem Zeitpunkt der Vornahme der Eingangseintragung auf das Depotkonto des Erwerbers übergehen[157].

Ausgehend von Art. 880 Nr. 1 ZGB liegt die Vermutung nahe, dass die russischen Namenspapiere übertragbar wären. Die Verweisung des Art. 880 Nr. 1 ZGB auf Art. 146 Nr. 2 ZGB stimmt einer Übertragung von Namenspapieren nach den Reglementierungen der Forderungsabtretung eindeutig zu. Allerdings schließt Art. 880 Nr. 2 ZGB eine solche Übertragung für Namensschecks eindeutig aus[158].

Die Übertragung der durch ein Namenspapier verbrieften Rechte, muss mit der Benachrichtigung des Registerhalters, Depositars oder des nominellen Wertpapierhalters einhergehen[159].

---

[155] *Micheler*, S. 342.
[156] *Micheler*, S. 346.
[157] *Micheler*, S. 346.
[158] *Koschmieder*, Kieler-Ostrecht-Notizen, 5/99, 13, 15.
[159] Allpravo.Ru: Ценные бумаги как объекты прав, abrufbar unter: http://allpravo.ru/library/doc99p0/instrum4885/, zuletzt abgerufen am: 06.09.2010.

Ebenso wie die Orderpapiere fallen auch die russischen Namenspapiere nicht unter einen Gutglaubensschutz gem. Art. 302 Nr. 3 ZGB. Somit ist wie im deutschen Recht der gutgläubige Erwerber bei den Rektapapieren nicht geschützt[160]

d. Effekten

Effekten des Kapitalmarkts werden im russischen Recht als „dokumentenlose" Emissionswertpapiere in Art 2 RFWpmG definiert. Sie können im Wege einer Emission ausgegeben werden. Zu den Emissionswertpapieren gehören grundsätzlich Aktien und Obligationen[161]. Diese können gem. Art. 16 RFWpmG als Namensaktien in dokumentloser Form und als Inhaberpapiere in dokumentärer Form ausgegeben werden. Im russischen Recht ist es darüber hinaus, anders als im deutschen Recht, nicht möglich andere Arten von Wertpapieren einem Publikum zugänglich zu machen[162].

Darüber hinaus wird das russische Wertpapiermarktgesetz an einigen Stellen durch das Aktiengesetz eingeschränkt. So ist es russischen Aktiengesellschaften gem. Art. 25 II iVm. Art. 44 RFAktG nur möglich Namensaktien auszugeben, die in einem von der Aktiengesellschaft geführten Anteilregister zu erfassen sind. Eine in Art. 2 RFWpmG vorgesehene Möglichkeit zur Emission von Inhaberpapieren für einen bestimmten Anteil des Satzungskapitals ist mangels erlassener weiterer Vorschriften in Russland bis dato nicht möglich[163].

Allerdings sind Aktiengesellschaften, die nicht nach russischem Recht gegründet worden sind, nicht von diesen Beschränkungen betroffen[164]. Die Emission von Wertpapieren von nicht russischen Aktiengesellschaften richtet sich allein nach den Vorschriften des russischen Wertpapiermarktgesetzes. Demnach besteht für diese Aktiengesellschaften die Möglichkeit, Inhaberaktien gem. Art. 2 RFWpmG zu emittieren.

Ausgegebene Emissionswertpapiere sind in Russland nach den Reglementierungen des RFWpmG zu registrieren. Registrierungsorgane sind zum einen der Föderale Dienst für Finanzmärkte und seine regionalen Abteilungen und zum anderen die Zentralbank und das Finanzministerium der Russischen Föderation[165]. Im russischen Wertpapiermarktgesetz ist in Art. 19 ein zweistufiges Registrierungsverfahren vorgesehen. Erst nach der Registrierung des Emissionsbeschlusses ist es dem emittierenden Unternehmen möglich, die Instru-

---

[160] *Koschmieder*, Kieler-Ostrecht-Notizen, 5/99, 13, 17.
[161] *Micheler*, S. 339.
[162] *Micheler*, S. 339.
[163] *Micheler*, S. 340.
[164] *Micheler*, S. 340.
[165] *Micheler*, S. 362.

mente der Zeichnung aufzulegen[166]. Nach Zeichnung der Wertpapiere und Registrierung der Emission kann die Emission gem. Arrt. 51; 3 VIII ff. RFWpmG nur noch gerichtlich für unwirksam erklärt werden[167]. Nicht registrierte Emissionswertpapiere dürfen nicht emittiert werden und bei für unwirksam erklärten Emissionen werden die Wertpapiere aus dem Umlauf genommen[168].

3. Anteile an Investmentfonds

Auch in Russland stellen Anteile an Investmentfonds ein beliebtes Kapitalmarktinstrument dar. Anteile an Investmentfonds fallen unter den Anwendungsbereich des russischen Investmentfondsgesetzes, das im weitesten Sinne dem deutschen Investmentgesetz entspricht. Wie im deutschen Recht werden Anteile an Investmentfonds als Vermögen zur kollektiven Anlage von Geldkapital definiert[169]. In diesem Zusammenhang ist vor allem der Grundsatz der Risikodiversifikation zu beachten[170]. Die Kapitalanlagen können dabei wie in Deutschland als sog. Anteilsinvestmentfonds, die am ehesten den deutschen Kapitalanlagegesellschaften entsprechen oder als Aktieninvestmentfonds, die den deutschen Investmentaktiengesellschaften nahe stehen, organisiert sein[171]. Dabei werden Anteilsinvestmentfonds ähnlich dem deutschen Recht als Treuhandvermögen, also zu verwaltendes Sondervermögen verstanden, das von einer Treuhandverwaltung gehalten wird[172], während sich Aktieninvestmentfonds an der klassischen offenen Aktiengesellschaft orientieren. Wie in Deutschland unterliegen beide Formen der Erlaubnispflicht des Föderalen Dienstes für Finanzmärkte.

Wie in Deutschland sind russische Anteilsinvestmentfonds keine juristischen Personen, sondern Sondervermögen, das aus Vermögensgegenständen besteht, die einer Treuhandverwaltung zur Verwaltung übergeben sind, und die zur Investition in bestimmte Anlagegegenstände berechtigen[173].

Anteilsinvestmentfonds können als offene-, geschlossene- und intervall- Investmentfonds organisiert werden[174]. Zu unterscheiden sind die verschiedenen Formen der Anteilsinvestmentfonds durch die Kündigungsmöglichkeit des dem Fonds zu Grunde liegendem Vertragsverhältnisses zwischen Anteilseigner

---

[166] *Micheler*, S. 364.
[167] *Micheler*, S. 365.
[168] *Micheler*, S. 366.
[169] *Spitzweg*, S. 83.
[170] *Spitzweg*, S. 83.
[171] *Spitzweg*, S. 83.
[172] *Spitzweg*, S. 83.
[173] *Spitzweg*, S. 96.
[174] *Spitzweg*, S. 104.

und Verwaltungsgesellschaft. So besteht bei offenen Anteilsinvestmentfonds gem. Art. 11 VI, 1, Alt. 1 RFInvFG jederzeit die Möglichkeit das Vertragsverhältnis unter Rückgabe der Investmentanteile aufzulösen, während bei geschlossenen Anteilsinvestmentfonds gem. Art. 11 VI, 1, Alt. 3 RFInvFG ein Auflösen hingegen grundsätzlich nicht möglich ist. Intervall-Anteilsinvestmentfonds liegen zwischen offenen und geschlossenen Anteilsinvestmentfonds. Hier gelten gem. Art. 11 VI, 1, Alt. 2 RFInvFG gestaffelte Kündigungsfristen die in den Treuhandverwaltungsregeln bestimmt sind müssen.

Investmentanteile gehören im russischen Recht gem. Art. 14 I, 1 RFInvFG zu den Namenspapieren, die nicht auf einen Nennbetrag lauten. Verbrieft wird eine Beteiligung als Anteil des Inhabers am Eigentumsrecht des Fondsvermögens[175]. Neben der Eigentumsstellung wird zudem gem. Art. 14 I, 1 RFInvFG das Recht auf eine ordnungsgemäße Trauhandverwaltung und das Recht auf Auszahlung eines Ausgleichsbetrages bei Auflösung des Verwaltungsvertrages zwischen Anteilsinhaber und Verwaltungsgesellschaft verbrieft. Dabei richtet sich die Ausgestaltung des verbrieften Rechts gem. Art. 14 I RFInvFG nach der Form des Anteilsinvestmentfonds[176]. Investmentanteile gehören im russischen Recht zu den Wertpapieren, nicht aber zu den Effekten[177]. Sie fallen dementsprechend und anders als in Deutschland nicht unter das russische Wertpapiermarktgesetz[178]. Darüber hinaus werden allerdings die Umlauffähigkeit und Allgemeingültigkeit durch das Investmentfondsgesetz gewährleistet. So können gem. Art. 14 IV RFInvFG Derivate von Investmentanteilen als Wertpapiere ausgegeben werden.

Das von der Treuhandgesellschaft zu verwaltende Vermögen des Investmentfonds steht gem. Arrt. 1; 2 iVm. Art. 11 II RFInvFG im gemeinschaftlichen anteilsmäßigen Eigentum der Anteilsinhaber. Bei dieser Form des gemeinschaftlichen Vermögens handelt es sich um kollektives Eigentum iSv. Art. 244 I ZGB. Am ehesten ist es mit dem deutschen Miteigentum nach Bruchteilen gem. §§ 1008; 741 ff. BGB zu vergleichen[179]. Die Ausgestaltung des russischen Rechts legt dementsprechend eine Miteigentumslösung und keine Treuhandlösung nahe. Dieser Umstand wird insbesondere dadurch unterstützt, dass Verwaltungsgesellschaften kein Eigentum am Fondsvermögen halten[180].

Aktieninvestmentfonds können in Russland ausschließlich als offene Aktiengesellschaften russischen Rechts organisiert sein. Eine Organisation in einer

---

[175] *Spitzweg*, S. 121.
[176] *Spitzweg*, S. 122.
[177] *Spitzweg*, S. 123.
[178] *Spitzweg*, S. 124.
[179] *Arzinger/Galander*, S. 144 f.
[180] *Spitzweg*, S. 192 f.

geschlossenen Aktiengesellschaft ist hingegen nicht möglich[181]. Anders als in Deutschland gibt es im russischen Recht nicht die Möglichkeit einen Aktieninvestmentfonds mit veränderlichem Kapital zu gründen[182]. Der Geschäftsbetrieb eines Aktieninvestmentfonds darf gem. Art. 2 I, 2 RFInvFG ausschließlich auf die Investition von Vermögen in Wertpapiere und andere im Investmentfondsgesetz vorgesehene Objekte ausgerichtet sein. Die rechtlichen Grundlagen zur Gestaltung eines Aktieninvestmentfonds finden sich neben dem russischen Aktiengesetz als ‚lex generalis' in dem Investmentfondsgesetz der Russischen Föderation als ‚lex specialis' wieder[183]. Unterschiede bestehen danach neben der besonderen Ausrichtung des Geschäftsbetriebs bspw. in der Durchführung der Hauptversammlung gem. Art. 7 I RFInvFG und bei den Kompetenzen des Aufsichtsrates gem. Art. 8 II RFInvFG.

Anders als bei Anteilsinvestmentfonds befindet sich das von den Aktionären aufgebrachte Vermögen im direkten Eigentum der Aktiengesellschaft. Das Vermögen wird gem. Art. 1, 2 iVm. Art. 1, 1 und Art. 3 III, 2 RFInvFG von einer Verwaltungsgesellschaft im Interesse der Aktionäre treuhänderische verwaltet. Die Treuhandverwaltung wird dabei ähnlich wie bei Anteilsinvestmentfonds durch eine Vertragsbeziehung zwischen Aktiengesellschaft und Verwaltungsgesellschaft geregelt. Die Aktionäre treten also nicht wie bei den Anteilsinvestmentfonds als unmittelbare Begünstigte der Treuhandverwaltung auf, sondern als Aktionäre der zwischen dem Vermögen und der Verwaltung geschalteten Aktiengesellschaft[184].

4. Haftung

In Übereinstimmung mit Art. 147 I ZGB haftet die Person, die ein Wertpapier emittiert hat, und alle diejenigen, die bei der Ausstellung unterstützend tätig waren dem rechtmäßigen Eigentümer gegenüber gesamtschuldnerisch[185]. Der Versprechensempfänger der Wertpapieremission hat dementsprechend ein Recht auf ein Vorgehen gegen alle diese Personen, einzeln und in ihrer Gesamtheit, ohne darauf achten zu müssen, in welcher Reihenfolge die Haftungspflicht der Personen entstanden ist[186].

---

[181] *Spitzweg*, S. 151.
[182] *Spitzweg*, S. 155.
[183] *Spitzweg*, S. 155.
[184] *Spitzweg*, S. 154.
[185] *Micheler*, S. 360.
[186] Allpravo.Ru: Ценные бумаги как объекты прав, abrufbar unter: http://allpravo.ru/library/doc99p0/instrum4885/, zuletzt abgerufen am: 06.09.2010.

Bewirkt ein Haftender gegenüber dem Versprechensempfänger alleine und in voller Höhe die Schuld, so erwirbt dieser einen Regressanspruch gegenüber allen weiteren gesamtschuldnerisch haftenden Personen. Der Regressanspruch gilt darüber hinaus auch für nicht ausdrücklich gesetzlich geregelte Fälle wie bspw. für den Scheck[187].

Die Verweigerung eine durch Wertpapier verbriefte Verpflichtung auszuführen mit dem Verweis auf das Fehlen einer Verpflichtungsbegründung oder der Invalidität dieser, ist gem. Art. 147 II ZGB nicht möglich[188]. Demzufolge haftet grundsätzlich der Aussteller der Wertpapiere, wenn er die Papiere in Umlauf gebracht hat und wenn die Papiere ohne sein Zutun, z. B. durch Fahrlässigkeit, in Umlauf gekommen sind.

Der Aussteller der Wertpapiere haftet allerdings gem. Art. 147 II, 2 ZGB nicht für als falsch bzw. gefälscht entlarvte Wertpapiere. In diesem Fall haftet der Wertpapiergläubiger[189].

Somit genießt das im Wertpapier verbriefte Recht Schutz im Sinne des „Vertrauens der Öffentlichkeit"[190].

Bei Investmentfonds haftet die Verwaltungsgesellschaft eines Anteilsinvestmentfonds gem. Art. 51 III, 1 RFInvFG für Inhalt und Form aller verbreiteten oder veröffentlichten Informationen über die Verwaltungsgesellschaft bzw. über den Anteilsinvestmentfonds. Zudem haftet er nach Art. 51 III, 2 RFInvFG auch für die getätigte Werbung. Darüber hinaus gibt es allerdings anders als im deutschen Recht keine spezialrechtliche Prospekthaftung für Investmentfonds.

5. Kapitalmarktaufsicht

Die Kapitalmarktaufsicht ist in Russland anders als in Deutschland zweistufig ausgerichtet. Auf Rechtsetzungsebene finden vor allem die Regelungen des RFWpmG, des ZGB und die Normativakte des Föderalen Dienstes für Finanzmärkte Anwendung. Als zweite Stufe agieren die Selbstregulierungseinrichtungen. Die Selbstregulierungseinrichtungen stellen eine Verknüpfung zwischen den gesetzlichen und den vertraglichen Verhaltenspflichten der Markt-

---

[187] Allpravo.Ru: Ценные бумаги как объекты прав, abrufbar unter: http://allpravo.ru/library/doc99p0/instrum4885/, zuletzt abgerufen am: 06.09.2010.

[188] *Micheler*, S. 360.

[189] *Micheler*, S. 360.

[190] *Micheler*, S. 361; Trofimenko, Rossijskaja justicia 1997.

teilnehmer dar und dürfen die gesetzlichen Verhaltensstandards und damit das Mindestschutzniveau der Anleger nicht verringern[191].

Die zentrale Institution der russischen Kapitalmarktaufsicht ist der Föderale Dienst für Finanzmärkte, der auf Grundlage von Art. 40 RFWpmG und durch Präsidialerlass Nr. 2063 vom 04.11.1994 als „Föderale Kommission für Wertpapiere und Effektenmarkt bei der Regierung der RF" gegründet wurde und im Jahre 2004 zum Föderalen Dienst für Finanzmärkte umfirmiert wurde. Die Funktionen und Vollmachten des Föderalen Dienstes ergeben sich zum größten Teil aus dem RFWpmG. Hauptaufgabe ist die Reglementierung und Überwachung der Marktteilnehmer. In diesem Zusammenhang ist der Föderale Dienst dazu befugt, aufgedeckten Missständen entgegenzuwirken. Aus der Konkretisierung der Aufgaben des Föderalen Dienstes in Art. 42 RFWpmG ergeben sich darüber hinaus weitere Befugnisse. So z. B. das Recht, einheitliche Anforderungen an die Regeln der Ausübung der professionellen Tätigkeit auf dem Wertpapiermarkt zu erarbeiten und festzulegen. Darüber hinaus ist der Föderale Dienst berechtigt, zwingende Anforderungen an Geschäfte mit Wertpapieren aufzustellen[192]. Daneben hat er die Berechtigung das Verfahren zur Erteilung von Erlaubnissen festzulegen, Erlaubnisse zur Durchführung verschiedener Arten professionellen Tätigkeiten auf dem Kapitalmarkt zu erteilen und diese Erlaubnisse temporär auszusetzen oder aufzuheben, wenn Teilnehmer des Marktes gegen die Vorschriften der Gesetzgebung der Russischen Föderation verstoßen[193].

Auch auf Ebene der Selbstregulierungseinrichtungen hat der Föderale Dienst für Finanzmärkte weitreichende Kompetenzen. So ist er u.a. dazu befugt, Verfahren zu Selbstregulierungseinrichtungen von professionellen Marktteilnehmern zu bestimmen und deren Tätigkeit durch andere Exekutivorgane und Inspekteure zu überwachen[194]. Darüber hinaus führt der Föderale Dienst ein Register der Selbstregulierungseinrichtungen aller professionellen Marktteilnehmer und ist berechtigt, den Marktakteuren die Erlaubnis zu entziehen, wenn eine Selbstregulierungseinrichtung gegen die Vorschriften der Gesetzgebung der Russischen Föderation oder Standards und Anforderungen des Föderalen Dienstes verstoßen[195].

---

[191] *Kulyabina*, S. 109.
[192] *Kulyabina*, S. 127.
[193] *Kulyabina*, S. 128.
[194] *Kulyabina*, S. 128.
[195] *Kulyabina*, S. 129.

III. Zusammenfassung

Vergleicht man die Grundlagen des deutschen und russischen Kapitalmarktrechts fällt zunächst auf, dass die getroffenen Regelungen sehr nah beieinander liegen. Grund hierfür ist vor allem die Orientierung an den Genfer Konventionen vom 19.03.1931 und die bewusste Gestaltung in Hinblick auf Kompatibilitätserfordernissen im angloamerikanischen und zentraleuropäischen Raum.

Anzumerken ist hierbei, dass die russische Regierung frühzeitig erkannt hat, dass Auslandsinvestitionen in den russischen Kapitalmarkt nur möglich sind, wenn das System der Kapitalmärkte mit den bereits früher entstandenen zentraleuropäischen und angloamerikanischen Systemen korreliert.

Lediglich in wenigen Punkten weicht das russische Kapitalmarktrecht vom deutschen Recht ab. So dominieren aufgrund der starren Regelung des russischen Kapitalmarktrechts in Russland die Namenspapiere, da Aktiengesellschaften nach russischem Recht nur zur Ausgabe von Namenspapieren berechtigt sind, während in Deutschland bevorzugt Inhaberpapiere als Effekten emittiert werden.

Vergleicht man die Ausführungen zu den Investmentfonds wird abermals deutlich, dass sich sowohl die Gestaltungsmöglichkeiten im deutschen, als auch im russischen Recht stark ähneln. In beiden Ländern besteht die Möglichkeit Investmentfonds als Sondervermögen oder als Aktiengesellschaft aufzulegen. Grund der vielen Gemeinsamkeiten im deutschen und russischen Recht ist dabei die Orientierung an den angloamerikanischen Gestaltungsmöglichkeiten von Investmentfonds. Unterschiede bestehen insoweit, als dass gesellschaftsrechtliche Unterschiede in der Rechtsform der Aktiengesellschaft bestehen. Darüber hinaus gibt es seit 2007 in Deutschland nicht mehr die Möglichkeit Investmentaktiengesellschaften mit fixem Kapital aufzulegen. Diese Form ist der Gestaltung von Investmentaktiengesellschaften mit veränderlichem Kapital gewichen. In Russland besteht hingegen nur die Möglichkeit Aktieninvestmentfonds mit fixem Kapital zu gründen. Allerdings ist im Strategiepapier der Russischen Föderation zur Ausrichtung der Finanzmärkte 2008-2020 eine Neugestaltung der Investmentfonds geplant, die dann auch die Möglichkeit der Aktieninvestmentfonds mit veränderlichem Kapital vorsieht[196].

Bei Betrachtung der Haftungssysteme der beiden Länder fällt auf, dass sich das russische Haftungssystem eher abstrakt darstellt und bspw. auf ausdrückliche Rechtsfolgen verzichtet, während das deutsche Recht häufig viel Fall

---

[196] FCSM: Entwicklungsstrategie des Finanzmarktes der Russischen Föderation bis 2020, abrufbar unter: http://www.fcsm.ru/ru/press/russia2020/strategy2020/, zuletzt abgerufen am: 01.10.2010.

spezifischer eine Reihe spezialgesetzlicher Haftungsmaßstäbe erlässt. Festzuhalten ist, dass insgesamt die Haftungsvoraussetzungen im russischen Recht, obwohl sie häufig auf Regelungen des Zivilgesetzbuches zurückgeführt werden müssen, wesentlich weiter gefasst sind als die im deutschen Investmentrecht.

Auch im Bereich der Kapitalmarktaufsicht ergeben sich Unterschiede. So wird das dreistufige System der Kapitalmarktaufsicht in Deutschland durch Aufsichtsorgane der EU (Bankenaufsicht, Versicherungsaufsicht, Wertpapieraufsicht) ergänzt. In Russland wird das zweistufige System der Kapitalmarktaufsicht durch die Regelungen der Föderalen Subjekte ergänzt. Allerdings sei an dieser Stelle darauf hingewiesen, dass die Subjekte der Russischen Föderation nur regelungsbefugt sind, wenn keine spezialgesetzlichen Bundesgesetze bestehen, oder in diesen Ausgestaltungsspielräume enthalten sind.

Ein weiterer abweichender Punkt ist die Öffnung der Kapitalmärkte. Aufgrund der geschichtlichen Entwicklung der Sowjetunion gab es bis zum Zerfall dieser keinen offenen Kapitalmarkt auf dem Gebiet der heutigen Russischen Föderation. Die Russlandkrise 1998-1999 legte den bis dato entstandenen Kapitalmarkt völlig lahm und erst mit Amtsantritt Vladimir Putins im Jahre 2000 erholte sich die russische Wirtschaft langsam und Reglementierungen auf dem regenerierten Kapitalmarkt wurden notwendig. Die Regierung Putins ging notwendige Reglementierungen vorsichtig an und schottete durch die Erfordernisse von Genehmigungen und Prüfverfahren zum Handel ausländischer Wertpapiere auf dem Gebiet der russischen Föderation den russischen Markt vom globalen Markt ab. Erst seit April 2009 sind nunmehr das öffentliche ‚Listing' und der öffentliche Handel von ausländischen Wertpapieren möglich, sofern diese eine internationale Wertpapieridentifikationsnummer und einen internationalen Code für die Klassifikation der Finanzinstrumente haben. Abzuwarten bleibt dennoch, inwieweit sich die noch fehlenden Durchführungsverordnungen russischer Behörden auf die neuen Reglementierungen auswirken.

C. Grundlagen der Hedgefonds

Nachdem zunächst Grundlagen im Bereich der Kapital- und Wertpapiermärkte nach deutschem und russischem Recht gelegt worden sind, sollen nun die Grundlagen von Hedgefonds betrachtet werden. Dabei wird zunächst versucht eine einheitliche Definition für Hedgefonds anhand ihrer Entstehungsgeschichte und ihren Arbeitsweisen zu finden. Anschließend erfolgt eine rechtstheoretische Bertachtung der Hedgefonds im deutschen und russischen Recht.

I. Definition

Hedgefonds sind eine besondere Art von Investmentfonds, die vor allem durch eine spekulative Anlagestrategie gekennzeichnet sind. Dabei gibt es weder auf den nationalen Ebenen noch auf internationaler Ebene eine Legaldefinition bzw. eine verallgemeinerte Definition des Begriffes Hedgefonds[197]. Um Herauszufinden, was eigentlich genau Hedgefonds sind, ist daher zunächst ein abgrenzender Definitionsansatz erforderlich.

Der Begriff Hedgefonds kann aus dem englischen ‚to hedge', absichern, abgeleitet werden. Allerdings kann mit der Analyse des Wortlautes keine Aussage über die Definition von Hedgefonds getroffen werden, da Hedgefonds naturgemäß nicht ausschließlich darauf ausgerichtet sind, sich gegen Preisänderungsrisiken am Kapitalmarkt abzusichern[198]. Neben der Absicherung gegen Preisänderungsrisiken treten weitere Charakteristika auf, um Hedgefonds von anderen Institutionen auf dem Kapitalmarkt abgrenzen zu können.

Phililip Cottier definiert Hedgefonds als Kapitalsammelstellen, die derivate Produkte als Direktinvestitionen verwenden, Leerverkäufe tätigen und mit dem financial Leverage ihre Eigenkapitalrenditen verbessern[199]. Dementsprechend verfügen Hedgefonds um äußerst flexible Anlageinstrumente. Allerdings wird der financial Leverage auch häufig im Banken- und Versicherungssektor sowie von großen institutionellen Anlegern genutzt, so dass dieses Kriterium allein noch keine Abgrenzung von andren Kapitalmarktteilnehmern gewährleistet[200].

Eine Besonderheit von Hedgefonds ist der Umgang mit der internen Gebührenstruktur. So ist es bspw. üblich, dass die Fondmanager mit einem Großteil ihres Privatvermögens in den eigenen Fonds investieren. Dabei wird ihre Tätigkeit als Fondmanager mit einem Fixum und einer performanceabhängigen

---

[197] *Lähm*, S. 256.
[198] *Clashinrichs*, S. 15.
[199] *Cottier*, S. 17.
[200] *Steinbrück*, ZfgK 2007, 393, 393.

Entgeltkomponente in Höhe von bis zu 20% vergütet[201]. Neben dieser flexiblen Vergütungsgestaltung gibt es zudem Regelungen über festgelegte Mindestrenditen oder einer Verlustkompensation als Voraussetzung einer performanceabhängigen Vergütung[202].

Weitere Charakteristika von Hedgefonds sind häufig geringe Liquiditätsquoten, hohe Kapitalumschlaghäufigkeiten und eine äußerst schnelle Reaktionsfähigkeit auf Veränderungen im Kapitalmarkt[203]. Die schnelle Reaktionsfähigkeit der Hedgefonds resultiert dabei vor allem aus den dynamischen, intransparenten Anlagestrategien der Fonds.

Anders als andere Kapitalmarktakteure versuchen Hedgefonds mit ihren Anlagestrategien eine Performancesteigerung im Sinne einer absoluten Rendite zu erzielen[204]. Referenzwerte von Benchmarks sind für die Renditeentwicklung nicht von Bedeutung und auch eine Korrelation zwischen der Performance von Hedgefonds und Aktien- bzw. Rentengesamtmärkten ist regelmäßig nicht zu beobachten[205].

Des Weiteren sind Hedgefonds in der Regel durch Intransparenz geprägt. So versuchen viele Fondsmanager Transaktionen und Aktivitäten auf dem Kapitalmarkt zu verschleiern. Grund hierfür ist der bei einer Veröffentlichung von Informationen verlorengehende Informationsvorsprung vor anderen Akteuren der Kapitalmärkte[206].

Auch die Anlegergruppe von Hedgefonds spielt in dem Bild der charakteristischen Darstellung eine enorme Rolle. Hedgefonds sind nicht für jedermann frei zugänglich, sondern häufig durch eine eng begrenzte Anlegergruppe von institutionellen Investoren und vermögenden Privatpersonen geprägt[207]. Zu den institutionellen Investoren zählen im Besonderen Pensionsfonds, Versicherungen, Stiftungen, Banken und Industrieunternehmen, die eine Ausweitung ihres Portfolios unter Wahrung hoher Renditeerwartungen anstreben[208].

Der wohl wichtigste Abgrenzungspunkt zwischen Hedgefonds und anderen Kapitalmarktakteuren ist ihre enorme Flexibilität. Diese resultiert vor allem aus der beabsichtigten Intransparenz der hochdynamischen Anlagestrategien. Zudem fallen die meist in Steueroasen beheimateten sog. Offshore-Hedgefonds so gut wie unter keine Regulierungsvorschriften, was den Fonds ein weitge-

---

[201] *Nachtweh*, S. 77.
[202] *Scholz*, S. 15.
[203] *Monschein*, S. 16.
[204] *Scholz*, S. 10.
[205] *Clashinrichs*, S. 74.
[206] *Monschein*, S. 18.
[207] *Steinbrück*, ZfgK 2007, 393, 393.
[208] *Weber*, WS 2006, 1457, 1457.

hend unbehelligtes Agieren an den internationalen Kapitalmärkten ermöglicht[209].

Zusammenfassend betrachtet, lassen sich weder allgemeingültige Charakteristika für Hedgefonds bestimmen, noch ist es möglich eine einheitliche Definition für Hedgefonds aufzustellen. Eine recht schwammige, aber über alle Kriterien hinweg passende Beschreibung veröffentlichte die BaFIn in ihrem Jahresbericht 2003. Darin heißt es, dass Hedgefonds „sehr flexibel operierende Anlagegesellschaften sind, die eine hochspekulative Anlagepolitik mit Finanzinstrumenten betreiben"[210].

II. Historische Entwicklung

Dem Wortlaut folgend ist das sog. ,Hedging' keine Erfindung der Moderne, sondern entstand bereits im 17. Jahrhundert. Zu der Zeit sicherten sich japanische Reisbauern mit Kreditnoten ein bestimmtes Preisniveau bereits vor Einbringung der Ernte ab[211].

Die Gründung des ersten Hedgefonds ist auf Alfred Winslow Jones im Jahre 1949 zurückzuführen[212]. Jones machte den ersten Leerverkauf von Aktien unter Einsatz eines financial Leverage und erfand damit die erste Strategie für Hedgefonds[213]. Die sog. Long-Short Strategie geht davon aus, dass sich der Kurs der gekauften Aktien im Verhältnis zum Kurs der leer verkauften Aktien besser entwickelt[214]. Auf diese Weise ergibt sich ein vom Verhalten des Gesamtmarkts unabhängiger Gewinn.

In den 60er Jahre löste ein Zeitungsartikel in der ,Fortune' über das Geschäftsmodell von Jones einen Boom in der Hedgefondsbranche aus[215]. Allerdings verpassten viele der neuen Fondsmanager eine Absicherung gegen die Marktrisiken, so dass der Hedgefondssektor in den Krisenjahren 1968-1970 und 1973-1974 empfindlich getroffen wurde und hohe Verluste verzeichnete[216].

1986 sorgte erneut ein Zeitungsartikel im ,International Investor' für Aufsehen in der Hedgefondsbranche[217]. In diesem wurde über einen Hedgefonds berichtet, der innerhalb von sechs Jahren eine absolute Rendite von 43% erwirtschaf-

---

[209] *Lähn*, S. 267.
[210] BaFin: S. 53.
[211] online Finanzlexikon: abrufbar unter: http://geld.idealo.de/finanz-lexikon/Hedge-Fonds.php, zuletzt abgerufen am 09.09.2010.
[212] *Garbaraavicius/Dierick*, S. 18.
[213] *Bednarz*, S. 27.
[214] *Hilpold/Kaiser*, S. 199.
[215] *Loomis*, Fortume 1966, S. 237, 237.
[216] *Bednarz*, S. 27.
[217] *Rohrer*, International Investor 1986, S. 86, 86.

tete, während der ‚S&P 500' im gleichen Zeitraum nur eine Rendite von 18,5% erwirtschaften konnte. Der Wachstumstrend der 1980er Jahre setzte sich auch in den 1990er Jahren weiter fort, bis der Hedgefonds ‚Long-Term Capital Management' (LTCM) in Zusammenhang mit der russischen Finanzkrise 1998[218] ins Schwanken geriet und nach Verlusten in Höhe von 4 Milliarden US-Dollar[219] die ‚Federal Reserve' einschreiten musste, um mit einer kontrollierten Kapitalerhöhung der Gläubiger den Zusammenbruch des Hedgefonds und ein Übergreifen auf den Finanzmarkt zu verhindern[220].

Ab dem Jahre 2000 gehörte der Sektor der Hedgefonds zu den am stärksten wachsenden Anlagesektoren. Aufgrund der Intransparenz der Branche kann die Zahl der weltweit aktiven Hedgefonds allerdings nur geschätzt werden. So waren Ende 2006 rund 1,5 Billionen US-Dollar in Hedgefonds angelegt und die Anzahl der Fonds betrug ca. 9.000[221].

Im Zuge der Finanzkrise 2008 erlitt auch die Branche der Hedgefonds herbe Verluste. So wurden nach Angaben von ‚Hedge Fund Research' im Jahr 2008 insgesamt 1.471 Hedgefonds weltweit aufgelöst, was einem prozentualen Anteil von ca. 15 Prozent der gesamten Branche entspricht[222].

III. Arbeitsweise

Hedgefonds gehören zu den klassischen alternativen Investments und zeichnen sich durch eine Vielzahl von Anlagestrategien aus[223]. So existieren weltweit Hunderte verschiedene Strategien, die nicht klar abgrenzbar sind und fließend ineinander über gehen[224].

Allerdings unterscheiden sich die Hegefondsstrategien hinsichtlich ihrer Marktrisiken. So sind die Marktrisiken bei den Strategien des Relative Value als eher gering einzuschätzen, während die Risiken bei den Strategien des Event Driven steigen und als hoch bei den Opportunistics einzuschätzen sind[225]. Die

---

[218] *Garbaravicius/Dierick*, S. 29.

[219] *Edwards*, Econ. Perspectives, 1999, 189,190.

[220] *Lähn*, S. 316.

[221] Greenwich alternative Investments: abrufbar unter: http://www.ifsl.org.uk/upload/CBS_Hedge_Funds_2007.pdf, zuletzt abgerufen am: 21.09.2010.

[222] Financial Times Deutschland: Tumult an den Märkten: Hedge-Fonds-Sterben beschleunigt sich, vom 18. März 2009, abrufbar unter: http://www.ftd.de/unternehmen/finanzdienstleister/:tumult-an-den-maerkten-hedge-fonds-sterben-beschleunigt-sich/489071.html, zuletzt abgerufen am: 08.09.2010.

[223] *Monschein*, S. 13.

[224] *Clashinrichs*, S. 30.

[225] *Monschein*, S. 28 f.

Einschätzung der Marktrisiken soll durch folgende Abbildung verdeutlicht werden.

Relative Value (marktneu-trale Strategien)		Event Driven (ereignis-orientierte Strategien)		Opportunistic (opportunis-tische Strategien)	
Convertible Arbitrage		Distressed Securities		Global Macro	
Fixed Income Arbitrage		Merger Arbitrage		Long-Short Equities	
Equity Market Neutral				Managed Futures	
niedrig ⬅		Marktrisiko ➡		hoch	

Abb. 1: Übersicht Hedgefondsstrategien nach Marktrisiken

Quelle: angelehnt an Herzog [226]

Nachfolgend sollen die wichtigsten Strategien der Hedgefonds kurz darge-stellt werden, um die Arbeitsweise der Fonds zu verdeutlichen. Dabei ist zu beachten, dass sich die Literatur bis jetzt nicht auf ein einheitliches Klassifizie-rungsschema verständigen konnte. Weit verbreitet ist die Klassifizierung in Relative Value, Event Driven und Opportunistic, der auch an dieser Stelle ge-folgt wird[227].

1. Relative Value

Unter Relative Value werden marktneutrale Strategien verstanden, die mit Hil-fe sog. Arbitragetechniken versuchen, Preisdifferenzen auszuschöpfen[228]. Zu den Ralitive value Strategien gehören u.a. Convertible Arbitrage, die Fixed In-come Arbitrage und die Equity Market Neutral Strategien"[229].

---

[226] angelehnt an *Herzog*, abrufbar unter:
http://www.brainworker.ch/Wirtschaft/Finanzmarktkrise/hedge_fonds.htm,
zuletzt abgerufen am: 13.09.2010.

[227] *Monschein*, S. 27; *Garbaravicius/Dierick*, S. 10; *Bednarz*, S 12.

[228] *Kayser/Steinmüller*, FR 2002, 1269, 1272.

[229] *Bednarz*, S 12.

41

a. Convertible Arbitrage

Die Strategie des Convertible Arbitrage nutzt Fehlbewertungen von Wandelanleihen im Verhältnis zu den zugrunde liegenden Aktien aus[230]. Dabei erfolgt eine Bewertung der Wandelanleihe in Hinblick auf ihre unterschiedlichen Komponenten. Zum einen wird der Anteil der Anleihe, der einem Kredit- und Zinsänderungsrisiko unterliegt bewertet, zum anderen findet eine Kursbewertung der Aktie statt, auf die das Recht des zukünftigen Aktienerwerbs in der Wandelanleihe verbrieft ist[231]. Mit der Convertible Arbitrage Strategie werden Gewinne beispielsweise durch Kauf einer unterbewerteten Wandelanleihe und Verkauf der höher bewerteten eintauschbaren Aktie realisiert[232].

b. Fixed Income Arbitrage

Die Fixed Income Arbitrage Strategien verwenden festverzinsliche Wertpapiere und Derivate und versuchen durch die Analyse von Preisdifferenzen verwandter Anlageprodukte mit gegenläufigen Finanzpositionen Gewinne zu erzielen[233]. Um Gewinne mit diesen häufig geringen Preisspannen zu erwirtschaften, arbeiten die Fonds mit einer hohen Fremdkapitalquote, um über die Hebelwirkung des Fremdkapitals die Eigenkapitalrendite des Fonds zu verbessern[234].

c. Equity Market Neutral

Bei den Equity Market Neutral Strategien, auch als statistische Arbitrage bezeichnet[235], wird unter der Annahme, dass sich Preisungleichgewichte zwischen dem kurzfristigen und dem langfristigen Geschäft bei miteinander in Verbindung stehenden Aktien zu einem längerfristigen Mittelwert ausgleichen, gearbeitet[236]. So werden bspw. Gewinne realisiert, wenn unterbewertete Aktien einer Branche gekauft und für dieselbe Summe überbewertete Aktien der gleichen Branche leerverkauft werden[237]. In der Praxis kommen häufig computergesteuerte Berechnungssysteme zur Bewertung der relativen Fehlbewertungen zum Einsatz[238].

---

[230] *Hilpold/Kaiser*, S. 17.
[231] *Kaiser*, S. 140.
[232] *Bednarz*, S. 12.
[233] *Kaiser*, S. 137.
[234] *Garbaravicius/Dierick*, S. 31.
[235] *Bednarz*, S. 12.
[236] *Hilpold/Kaiser*, S. 181.
[237] *Bednarz*, S. 13.
[238] *Hilpold/Kaiser*, S. 173.

2. Event Driven

Unter Event Driven Strategien werden ergebnisorientierte Strategien zusammengefasst, die Unternehmensereignisse wie Kapitalerhöhungen, Fusionen und Insolvenzen unter der Annahme analysieren, dass die Unternehmensereignisse potenziell mehr Einfluss auf die Aktienkurse der Unternehmen haben als das Marktumfeld[239]. Untergliedert werden die Event Driven Strategien in Strategien der Distressed Securities bzw. Distressed Debts und in Strategien der Merger Arbitrage.

a. Distressed Securities / Distressed Debt

Bei den Distressed Securities bzw. Distresses Debt Strategien handeln die Hedgefonds mit Wertpapieren bzw. Verbindlichkeiten notleidender Unternehmen[240]. Um ein Unternehmen als notleidend ausmachen zu können, werden dabei Unternehmensereignisse wie Umstrukturierungen, Insolvenzen, Notverkäufe und Reorganisationen analysiert[241]. Handelbar sind die Wertpapiere und Verbindlichkeiten von notleidenden Unternehmen, da sich aufgrund der Informationslage am Kapitalmarkt Investoren von eben diesen Papieren trennen und so eine Unterbewertung des Unternehmens entsteht. Diese Unterbewertung machen sich Hedgefonds zunutze und kaufen entweder die Wertpapiere oder die Schulden des notleidenden Unternehmens auf[242]. Im weiteren Verlauf kommt es zum aktiven oder passiven Eingreifen des Hedgefonds in die notleidenden Unternehmen.

Bei einem aktiven Eingreifen wirken die Hedgefonds bei der Restrukturierung des notleidenden Unternehmens aktiv mit. Ziel des Eingreifens ist durch eine effizientere Ressourcennutzung den Firmenwert des Unternehmens zu erhöhen und mit dem Verkauf des Unternehmens Gewinn zu erwirtschaften[243].

Bei einem passiven Eingriff werden Wertpapiere und Derivate eines notleidenden Unternehmens gehalten. Die Hedgefondsmanager hoffen auf eine Korrektur der unterbewerteten Papiere durch den Kapitalmarkt. Erholen sich die Werte der Papiere, verkauft der Hedgefonds die Papiere und macht Gewinn[244].

---

[239] *Bednarz*, S. 15.
[240] *Kaiser*, S. 144.
[241] *Kaiser*, S. 144.
[242] *Hilpold/Kaiser*, S. 64.
[243] *Bednarz*, S. 17.
[244] *Hilpold/Kaiser*, S. 67.

b. Merger Arbitrage

Merger Arbitrage Strategien zielen darauf ab, Unternehmen zu finanzieren, die an Unternehmensübernahmen und -zusammenschlüssen beteiligt sind[245]. So kauft der Hedgefonds Aktien und Anleihen des zu übernehmenden Unternehmens, während er auf Seiten des akquirierenden Unternehmens Verkaufspositionen eingeht[246]. Gewinne erwirtschaftet der Hedgefonds, wenn die Kurse des Übernahmekandidaten steigen und die Kurse des übernehmenden Unternehmens fallen, was regelmäßig der Fall sein wird, wenn ein Kaufpreis vom Markt bspw. als zu hoch eingeschätzt wird. Wie bei den Strategien der Distressed Securities bzw. Distressed Debt üben die Hedgefonds in der Regel einen aktiven Einfluss auf die Unternehmenspolitik der beteiligten Unternehmen aus[247].

3. Opportunistic

Opportunistische Strategien analysieren die Marktentwicklungen mit volks- und betriebswirtschaftlichen Methoden. Ziel ist es aufgrund getroffener Vorhersagen mit dem gezielten Einsatz von gegenläufigen Finanzpositionen Gewinne zu erwirtschaften[248]. Zu unterscheiden sind die opportunistischen Strategien weiter u.a. in Strategien der Global Makro, Long-Short Equity und der Managed Futures.

a. Global Makro

Bei den Global Makro Strategien werden Anlageentscheidungen meist auf Grundlage makroökonomischer Analysen getroffen[249], die versuchen unter Berücksichtigung der politischen Verhältnisse eine Vorhersage bzgl. Marktentwicklungen ganzer Volkswirtschaften abzugeben. Neben Aktien und Anleihen wird bei den Global Makro Strategien auch in Währungen und Rohstoffen investiert; dabei kommt es häufig zum Einsatz signifikanter Hebeleffekte[250].

b. Long-Short Equity

Die Long-Short Equity Strategien sind die am meisten verwendeten und bekanntesten Hedgefondsstrategien weltweit. Bei den Strategien werden gleich-

---

[245] *Bednarz,* S. 18.
[246] *Kaiser,* S. 143.
[247] *Bednarz,* S. 19.
[248] *Livonius,* WM 2004, 60, 61.
[249] *Hilpold/Kaiser,* S. 241.
[250] *Garbaravicus/Dierick,* S. 31.

zeitig kurzfristige und langfristige Finanzpositionen gehalten. Unterbewertet gehaltene Wertpapiere werden gekauft, während überbewertet gehaltene Papiere verkauft werden[251]. Kommt es dabei zu einem Überschuss an gehaltenen Kaufoptionen spricht man von einem Long-Bias, überwiegen die Verkaufspositionen wird von Short-Bias gesprochen[252]. Die Long-Short Equity Strategien verhalten sich nicht marktneutral. Vielmehr wird bewusst auf Marktveränderungen spekuliert, um aus den entstehenden Kursdifferenzen Gewinne zu erwirtschaften.

c. Managed Futures

Die Strategien der Managed Futures beschäftigen sich ausschließlich mit börsengehandelten Rohstoff- oder Finanzkontrakten[253]. Anlageinstrumente sind vor allem Futures, Optionen und Warrants, die sowohl im Kurzfristbereich als auch im Mittel- und Langfristbereich gehandelt werden[254]. Die Chartanalyse bei den Strategien der Managed Futures wird vor allem durch computergestützte Systeme übernommen. Da Futures und Optionen sowohl gekauft als auch verkauft werden können, partizipieren die Strategien sowohl von steigenden als auch von fallenden Kursen[255].

4. Dachhedgefonds

Keine richtige Strategie, aber eine wichtige Ausgestaltungsform von Hedgefonds sind die sog. Dachhedgefonds oder auch ‚Fund of Funds'. Dachhedgefonds investieren in die verschiedensten Singelhedgefonds, um ein hohes Maß an Risikostreuung zu erreichen und eine geringere Volatilität zu gewährleisten[256]. Hauptaufgabe der Fondmanager ist die Beobachtung und Analyse der Hedgefondsbranche und die Selektion geeigneter Hedgefonds als Finanzanlage. Die Anlegergruppe der Dachhedgefonds ist nicht so eng begrenzt wie die der Singelhedgefonds. Durch die Etablierung der Dachhedgefonds ist es auch für Kleinanleger möglich geworden, in Hedgefonds zu investieren[257].

---

[251] *Hilpold/Kaiser*, S. 199.
[252] *Kaiser*, S. 131.
[253] *Cottier*, S. 11.
[254] *Kaiser*, S. 18.
[255] *Bednarz*, S. 22.
[256] *Monschein*, S. 29.
[257] *Steinbrück*, ZfgK 2007, 393, 394.

IV. Stellung auf dem Kapitalmarkt

Hedgefonds sind sowohl im deutschen als auch im russischen Recht auf dem Kapitalmarkt bekannt und orientieren sich in ihrer Gestaltung grundsätzlich am angloamerikanischen Vorbild der frühen US-amerikanischen Hedgefonds. Folgend sollen die Reglementierungen der in Deutschland und Russland aufgelegten Hedgefonds rechtstheoretisch betrachtet werden.

1. Deutschland

In Deutschland waren bis zum Jahr 2004 keine Hedgefonds zum öffentlichen Handel zugelassen. Erst mit der Novellierung des Investmentrechts, das am 1. Januar 2004 unter Zusammenlegung des Gesetzes über Kapitalanlagegesellschaften und des Auslandinvestmentgesetzes als Investmentgesetz in Kraft trat, wurde die Auflage von deutschen Hedgefonds am Markt zuglassen[258]. Bei der Novellierung des Investmentrechts wurde auf eine Definition der Hedgefonds bewusst verzichtet. Ziel war es vielmehr Produkte, die Charakteristika von Hedgefonds aufweisen, zu erfassen[259]. Mit dem Investmentgesetz wurden zugleich die Änderungsrichtlinien 2001/107/EG und 2001/108/EG vom 21. Januar 2002 zur EU-Investmentrichtlinie 85/611/EWG vom 20. Dezember 1985 umgesetzt, um so einen weiteren Schritt zur Verwirklichung des Europäischen Binnenmarktes im Investmentbereich zu vollziehen[260].

Im Jahre 2007 kam es zu einer Änderung des Investmentgesetzes, um die internationale Wettbewerbsfähigkeit der Fondsbranche in Deutschland zu steigern[261]. Hauptbestrebungen des Investmentänderungsgesetzes waren vor allem Deregulierung und Modernisierung. So sollte das Änderungsgesetz maßgeblich zum Bürokratieabbau im Finanzsektor beitragen[262.] Die Regelungsdichte der Hedgefonds wurde insbesondere durch die Aufhebung und Vereinfachung von bestimmten Informationspflichten und die vereinfachte Genehmigungspraxis der BaFin reduziert[263].

Die wesentlichen Regelungen für in Deutschland aufgelegte Hedgefonds ergeben sich aus den §§ 112-120 InvG, Daneben finden mit Ausnahme von §§ 46-52 InvG und §§ 54-90r InvG auch die übrigen Vorschriften des Investmentgesetzes Anwendung.

---

[258] *Gstädtner*, BKR 2006, 91, 91.
[259] *Baur* in: Assmann/Schütze, Rn. 148.
[260] *Monschein*, S. 34.
[261] Pressemitteilung des Bundesministeriums für Finanzen: Nr. 45/2007, 25.04.2007.
[262] Pressemitteilung des Bundesministeriums für Finanzen: Nr. 45/2007, 25.04.2007.
[263] *Monschein*, S. 34.

Hedgefonds können in Deutschland grundsätzlich in zwei Errichtungsformen gegründet werden; als Kapitalanlagegesellschaften gem. § 30 ff InvG und als Investmentaktiengesellschaften gem. §§ 96 ff InvG. Im Zuge der Änderung des Investmentgesetzes wurde 2007 zudem die Möglichkeit einer Investmentaktiengesellschaft mit veränderlichem Kapital, die praktisch fortlaufend ohne gesellschaftsrechtliche Kapitalerhöhungen Aktien ausgeben darf, geschaffen[264]. Die Einrichtungsformen bedürfen beide der Erlaubnis der BaFin zur Aufnahme des Geschäftsbetriebs gem. § 30 I InvG. Darüber hinaus unterliegen beide Formen grundsätzlich den gleichen aufsichtsrechtlichen Anforderungen.

Paragraph 24 InvG bestimmt, dass die zum Investmentvermögen gehörenden Wertpapiere und Einlagezertifikate von einer Depotbank zu verwahren sind. Als Depotbanken kommen bei Kapitalanlagegesellschaften insbesondere Kreditinstitute, die ihren Sitz im Geltungsbereich des Gesetzes haben und zum Einlagen- und Depotgeschäft gem. § 1 I, Nr. 5 bzw. § 1a KWG zugelassen sind, in Betracht[265]. Neben den Depotbanken treten jüngst auch immer mehr Primebroker als Dienstleister zwischen Hedgefonds und Kapitalmarkt auf. Primebroker müssen dabei nicht unter die Definition eines Kreditinstituts iSd. KWG fallen, sondern lediglich ihren Sitz in der EU bzw. EWR haben und einer wirksamen öffentlichen Aufsicht unterliegen[266].

a. Singlehedgefonds

Das Investmentgesetz unterscheidet zwischen „Sondervermögen mit zusätzlichen Risiken", den sog. Singlehedgefonds und „Dachsondervermögen mit zusätzlichen Risiken", den sog. Dachhedgefonds[267].

Singlehedgefonds sind in § 112 InvG geregelt. „Sondervermögen mit zusätzlichen Risiken" sind Investmentvermögen, die unter den Grundsatz der Risikomischung fallen und im Übrigen keiner Beschränkung hinsichtlich ihrer Anlagestrategien unterliegen[268].

Die Vertragsbedingungen der Singlehedgefonds müssen gem. § 112 I, 2 InvG entweder die Steigerung des Investitionsgrades des Investmentvermögens über grundsätzlich unbeschränkte Kreditaufnahme für gemeinschaftliche Rechnung der Anleger bzw. den Einsatz von Derivaten vorsehen; oder den Verkauf von Vermögensgegenständen für gemeinschaftliche Rechnung der

---

[264] *Monschein*, S. 34.
[265] *Livonius*, S. 64.
[266] *Lindemann*, BB 2004, 2137, 2141.
[267] *Bednarz*, S. 103.
[268] *Monschein*, S. 36.

Anleger, die im Zeitpunkt des Geschäftsabschlusses nicht zum Sondervermögen gehören, vorsehen oder beides[269].

Eine Beschränkung ergibt sich hinsichtlich der Beteiligung an nicht börsennotierten Unternehmen. Gemäß § 112 I, 2 InvG sind Beteiligungen an nicht börsennotierten Unternehmen auf 30% beschränkt[270]. Darüber hinaus wird durch § 112 IV InvG das Bundesfinanzministerium zum Erlass einer Rechtsverordnung zur Beschränkung von Leverage und Leerverkäufen ermächtigt, soweit dies zur Abwendung von Missbrauch und zur Wahrung der Integrität des Marktes erforderlich ist[271].

Singlehedgefonds dürfen gem. § 112 II InvG nicht öffentlich vertrieben werden. Grund hierfür ist der unzureichend gewährleistete Anlegerschutz in dieser Anlageform[272]. Der Vertrieb von Singlehedgefonds ist jedoch im Wege eines ‚Private Placement' auch für Privatanleger möglich[273].

Gemäß § 116 InvG kann die Rücknahme der Anteile durch den Singlehedgefonds auf wenigstens einmal im Quartal beschränkt werden, um unkontrollierte Liquiditätsabflüsse zu vermeiden[274]. Soll die Rücknahme eingeschränkt werden, ist ein entsprechender Vermerk gem. § 117 I, Nr. 6 InvG im Verkaufsprospekt erforderlich.

b. Dachhedgefonds

Die Regelungen für Dachhedgefonds ergeben sich aus § 113 InvG. Dachhedgefonds sind Investmentvermögen, die Anteile in Zielfonds anlegen. Als Zielfonds kommen gem. § 113 I InvG Single-Hedgefongs iSv. § 112 InvG, Investmentaktiengesellschaften iSv. § 96 InvG und ausländische Investmentvermögen, die in ihrer Anlagepolitik vergleichbaren Anforderungen wie § 112 InvG unterworfen sind und bei der Geldwäschebekämpfung im Rahmen der FATF kooperieren[275], in Betracht[276].

Das Anlagevolumen eines Dachhedgefonds muss zu mindestens 51% in Zielfonds investiert sein[277]. Darüber hinaus muss ein Dachhedgefonds bis zu 49% an Liquidität halten[278].

---

[269] *Gstädtner*, BKR 2006, 91, 92.
[270] *Bednarz*, S. 110.
[271] *Livonius*, WM 2004, 60, 64.
[272] *Monschein*, S. 34.
[273] *Monschein*, S.34.
[274] *Clashinrichs*, S. 122.
[275] *Clashinrichs*, S. 120.
[276] *Bednarz*, S. 113.
[277] *Monschein*, S. 38.
[278] *Bednarz*, S. 113.

Die wichtigste Unterscheidung zwischen Single- und Dachhedgefonds ist, dass Dachhedgefonds öffentlich vertrieben werden dürfen[279], und somit auch privaten Kleinanlegern als Anlageform zur Verfügung stehen. Aufgrund der öffentlichen Handelbarkeit sind bei Dachhedgefonds die Reglementierungen schärfer. So muss gem. §117 II InvG der Verkaufsprospekt mit einem Vermerk über die Möglichkeit eines Totalverlustes versehen sein. Zudem dürfen sie weder Leerverkäufe iSd. § 112 InvG tätigen, noch Kredite auf Fondsebene aufnehmen[280].

Ein Kernelement bildet bei Dachhedgefonds die Risikostreuung. Um diesem Prinzip Folge zu leisten sieht § 113 IV InvG vor, dass nicht mehr als 20% in einem Zielfonds investiert werden dürfen. Darüber hinaus darf auch nicht in mehr als zwei Zielfonds vom gleichen Emittenten oder Fondsmanager investiert werden; auch die Anlage in Zielfonds, die ihre Mittel selbst in andere Zielfonds anlegen, ist verboten[281]. Hintergrund dieser restriktiven Regelung ist insbesondere die Vermeidung von Kaskadeneffekten und eine möglichst breite Diversifikation des Anlageportfolios[282].

Dachhedgefonds sind auch in Hinblick auf Informations- und Überwachungsverpflichtungen stärker reguliert als Singlehedgefonds. Paragraph 113 V InvG sieht so weitreichende Informationspflichten u.a. in Form von Jahres- und Halbjahresberichten über Organisationsstruktur, Liquidität, Risikomanagement und Leerverkaufs- und Leveragekennzahlen vor. Darüber hinaus müssen die Risiken laufend durch das Management überwacht werden.

Gemäß § 42 I InvG müssen traditionelle Investmentfonds einen vereinfachten und einen ausführlichen Verkaufsprospekt dem Publikum zugänglich machen. Hedgefonds sind gem. § 121 InvG dazu verpflichtet, einem Anteilsinteressierten einen vereinfachten Verkaufsprospekt der Kapitalanlagegesellschaft oder der ausländischen Investmentgesellschaft in der geltenden Fassung kostenlos und unaufgefordert anzubieten. Auf Nachfrage muss der Fonds dem am Erwerb eines Anteils Interessierten und dem Anleger selbst auf Verlangen einen ausführlichen Verkaufsprospekt sowie den letzten veröffentlichten Jahres- und Halbjahresbericht kostenlos zur Verfügung stellen. Dachhedgefonds müssen ihren Verkaufsprospekt mit den in § 117 InvG niedergelegten zusätzlichen Anforderungen veröffentlichen. Darin sind insbesondere die Grundsätze der Zielfondsauswahl, der Anlageumfang in- und ausländischer Zielfonds, die Anforderungen an die Geschäftsleitung der Zielfonds, Leverage- und Leerverkaufs-

---

[279] *Monschein*, S. 37.
[280] *Gstädtner*, BKR 2006, 91, 93.
[281] *Gstädtner*, BKR 2006, 91, 93.
[282] *Wallach* in: Dichtl/Kleeberg/Schlenger, S. 72.

volumen der Zielfonds, die Gebührenstruktur der Zielfonds und die Bedingungen der Rücknahme und der Auszahlung von Anteilen darzustellen[283].

c. Hedgefonds-Zertifikate

Aufgrund der restriktiven deutschen Regelungen der Hedgefonds bieten sich neben der Beteiligung an Hedgefonds auch Hedgefonds-Zertifikate an, um an der Entwicklung von Hedgefonds zu partizipieren[284]. Dabei sind Hedgefonds-Zertifikate als Inhaberschuldverschreibungen iSd. 793 BGB zu qualifizieren und verbriefen in der Regel das Recht an der Weiterentwicklung eines Hedgefonds-Portfolios teilzunehmen[285].

Hedgefonds-Zertifikate können zum öffentlichen Vertrieb zugelassen werden und gelten nicht als Hedgefonds-Beteiligungen[286]. Zulassungsbeschränkungen wie bei der Beteiligung an Single- bzw. Dachhedgefonds bestehen nicht. Aus diesem Umstand ergibt sich vor allem, dass mit Hedgefonds-Zertifikaten verbundene Anlagerisiken, durch Umgehung der Regelungen zu Hedgefonds, zu einem unzureichenden Anlageschutz der Privatanleger führen[287].

d. Marktregularien und Regulierung

Hedgefonds fallen in Deutschland unter das Investmentrecht und unterliegen damit den allgemeinen aufsichtsrechtlichen Verpflichtungen. Nach der Schaffung einer Rechtsgrundlage für Hedgefonds im Jahre 2004 wurde das Investmentgesetz im Jahre 2007 grundlegend novelliert. Ziel der Neufassung des Investmentgesetzes war dabei den Investmentfondsstandort Deutschland durch Deregulierung und Anpassung an die Harmonisierungsvorgaben der OGAW-Richtlinie zu stärken[288]. In diesem Zusammenhang wurden insbesondere Aufsichtsrahmen, Informationspflichten und die Genehmigungspraxis der BaFin vereinfacht.

Infolge der Deregulierungsvorschriften veränderten sich insbesondere die Marktregularien der Hedgefonds als „Sondervermögen mit zusätzlichen Risiken" iSv. § 112 InvG. Um den Umfang der Deregulierung von Hedgefonds im Jahre 2007 erfassen zu können, seien die wichtigsten Veränderungen an dieser Stelle kurz dargestellt.

---

[283] *Gstädtner*, BKR 2006, 91, 96.
[284] *Nachtweh*, S. 74.
[285] *Monschein*, S. 41.
[286] *Nachtweh*, S. 74.
[287] *Clashinrichs*, S. 110.
[288] BT-DRS 16/5576, S. 1.

Singlehedgefonds sind nunmehr von der Verpflichtung zur Veröffentlichung des Ausgabe- und Rücknahmepreises befreit[289]. Darüber hinaus dürfen sie sich auch eines ‚Primebrokers' bedienen. Insbesondere die Beziehung zwischen Depotbank und ‚Primebroker' wurde umfassend und klar in §§ 112 III; 113 III InvG geregelt.

Bei Dachhedgefonds wurde das generelle Leverageverbot zum Teil aufgehoben[290]. Gem. §§ 114 iVm. 53 InvG ist es Dach-Hedgefongs möglich, kurzfristig Kredite mit marktüblichen Bedingungen in Höhe von 10% aufzunehmen. Maßnahmen zur Steigerung ihres Investitionsgrades bleiben weiterhin untersagt[291].

Eine weitere Änderung ergibt sich hinsichtlich des Verkaufsprospekts iSd. § 121 InvG. Nach alter Rechtslage war es nötig einen vereinfachten und einen ausführlichen Verkaufsprospekt dem Anteilsinteressierten kostenlos anzubieten. Da diese Regelung strikter ist, als in den Vorstellungen der OGAW-Richtlinie vorgesehen, wurde sie auf das europäische Maß aus Wettbewerbsgründen angeglichen[292]. Dem Verkaufsinteressierten ist nunmehr nur noch ein vereinfachter Prospekt kostenlos zugänglich zu machen. Aus Anlegerschutzgründen wurde die Pflicht zur Aushändigung der Verkaufsunterlagen an Dachhedgefonds interessierten Personen gem. § 121 III, 1 InvG aufgrund der Möglichkeit einer publikumsorientierten Privatplatzierung von Singlehedgefonds auf diese ausgeweitet[293]. Zudem enthält § 127 InvG eine Klarstellung, dass sich die vereinfachten Verkaufsprospekte ausländischer Investmentanteile grundsätzlich nach dem Recht des Heimatstaates und nicht nach dem deutschen Recht richten müssen[294].

In § 122 I, 2 InvG wurden die Veröffentlichungsverpflichtungen inländischer Hedgefonds zum Teil erleichtert, indem klargestellt wurde, dass für Umfang, Inhalt und Zeitpunkte der Veröffentlichungen die Vorschriften des Mitgliedstaates der Europäischen Union oder des anderen Vertragsstaates des Abkommens über den Europäischen Wirtschaftsraum, in dem die Investmentgesellschaft ihren Sitz hat, entsprechend gelten und nicht die Vorschriften in dem Land, wo die Emission stattfinden soll.

In § 124 IV, 4 InvG wurde die Verpflichtung, dass Fonds bei einer Untersagung des Weiteren öffentlichen Vertriebs von Anteilen durch die BaFin, erst ein Jahr nach dem Tag der Untersagung eine Neuanzeige einer öffentlichen Vertriebs-

---

[289] *Bednarz*, S. 117.
[290] BT-DRS 16/5576, S. 90.
[291] *Bednarz*, S. 115.
[292] BT-DRS 16/5576, S. 92.
[293] *Bednarz*, S. 130.
[294] BT-DRS 16/5576, S.

absicht veröffentlichen dürfen, auf ausländische Investmentanteile ausgeweitet[295].

Zudem wurde der Anlegerschutz verbessert, indem § 125 InvG die Höhe der Kostenvorausbelastung bei Fondssparplänen sowohl bei Kapitalanlagegesellschaften und ausländischen Investmentgesellschaften, als auch bei sonstigen Kredit- und Finanzdienstleistungsinstituten beschränkt[296].

In § 128 InvG wurde die doppelte Anzeigepflicht bei BaFin und Bundesbank aus Gründen der Entbürokratisierung aufgehoben[297]. Auch die Aufsicht über die zu beaufsichtigten Kapitalanlagegesellschaften obliegt nun allein der BaFin.

Mit Änderung des Investmentgesetzes gelten die Mindestanforderungen an die Qualifikation von Hedgefonds-Manager in § 120 InvG zudem für Single- und Dachhedgefonds gleichermaßen[298].

Des Weiteren ist die BaFin in ihren Kompetenzen gestärkt worden. Ihr ist es nun erlaubt, ohne die Anhörung der Bundesbank Rechtsverordnungen, die die Beschaffenheit und Verwendung von Risiko-Messsystemen festlegen, zu erlassen[299].

Neben den Bestimmungen des InvG finden schließlich auch die allgemeinen gesellschafts- und kapitalmarktrechtlichen Mitteilungspflichten wie insbesondere die übernahmerechtliche Angebotspflicht gem. §§ 29, 35 WpÜG, die Beteiligungstransparenz gem. § 21 ff. WpHG und die Vorschriften zu Insiderhandel und Marktmanipulation gem. §§ 12 ff., 20a WpHG auf Hedgefonds Anwendung.

Schlussfolgernd kann aus der Novellierung des Investmentrechts eine deutliche Entbürokratisierung abgeleitet werden[300]. Nicht nur in den spezialgesetzlichen Regelungen der „Sondervermögen mit zusätzlichen Risiken" sondern im gesamten InvG finden sich vereinfachte und liberalisierte Vorschriften. Dazu gehört insbesondere die Erweiterung der Anlagemöglichkeiten von Investmentfonds, die in § 43 II InvG niedergelegte Beschleunigung des Genehmigungsprozesses für die Vertragsbedingungen durch die BaFin[301] oder auch die Streichung des § 10 InvG und die Übertragung der Überwachung der gesetzlichen und vereinbarten Anlagegrenzen[302]

---

[295] BT-DRS 16/5576, S. 93.
[296] *Roegele/Görke*, BKR 2007, 393, 401.
[297] BT-DRS 16/5576, S. 94.
[298] *Bednarz*, S. 634.
[299] BT-DRS 16/5576, S. 94.
[300] *Buck-Heeb*, S. 254.
[301] *Roegele/Görke*, BKR 2007, 393, 393.
[302] *Bednarz*, S. 117.

In Deutschland gibt es ein dreistufiges System zur Regulierung des Investmentrechts unter dessen Geltungsbereich auch die Hedgefonds fallen. Zu diesem System gehören Depotbanken, Wirtschaftsprüfer und die staatlichen Regulierungsorgane.

Auf erster Stufe sind die Depotbanken zu nennen. Depotbanken haben in Deutschland weitgehende Kontrollfunktionen. So sind in § 26 InvG Geschäfte festgelegt, die eine Kapitalanlagegesellschaft nur mit Zustimmung der Depotbank abwickeln darf. Darüber hinaus hat die Depotbank gem. § 27 InvG dafür Sorge zu tragen, dass sich die Ausgabe und Rücknahme von Anteilen nach den Vorschriften des Investmentrechts verhält. Der BGH hat zudem im Jahre 2001 eine allgemeine Überwachungspflicht der Depotbanken über die Rechtmäßigkeit der Handlungen der Kapitalgesellschaft ausgemacht[303].

Neben den Depotbanken spielen in Deutschland die Wirtschaftsprüfer eine wichtige regulierende Rolle im Investmentrecht. Gem. § 316 HGB sind alle mittelgroßen und großen Kapitalgesellschaften verpflichtet, den Jahresabschluss durch einen Abschlussprüfer prüfen zu lassen. Als Abschlussprüfer kommen dabei Wirtschaftsprüfer und Buchprüfer in Betracht. Der Abschlussprüfer kontrolliert gem. § 317 I HGB den Jahresabschluss und die laufende Buchführung im Hinblick auf die Einhaltung der gesetzlichen Vorschriften und ergänzenden Bestimmungen des Gesellschaftsvertrages oder der Satzung.

Als weitere Regulierungsinstitution gibt es in Deutschland die Bundesanstalt für Finanzdienstleistungsaufsicht. Sie übernimmt in Zusammenarbeit mit der Deutschen Bundesbank und weiteren staatlichen untergeordneten Institutionen zum Großteil die Regulierungsaufsicht. Zu den Aufgaben und Befugnissen der BaFin kann an dieser Stelle auf Kapitel B, I, 4 verwiesen werden.

e. Exkurs: Gesetz zur Vorbeugung gegen missbräuchliche Wertpapier- und Derivategeschäfte

Nach der Liberalisierung und Entbürokratisierung des Investmentrechts 2007 kam es 2008 in Deutschland und der ganzen Welt zur Finanzkrise. Im Zuge dieser Finanzkrise wurde viel über stärkere Regulierung der Finanz- und Kapitalmärkte diskutiert. Am Ende einer langen Diskussion stand in Deutschland das Gesetz „zur Vorbeugung gegen missbräuchliche Wertpapier- und Derivategeschäfte", welches Ende Juli 2010 in Kraft trat und folgend kurz skizziert werden soll.

Das Gesetz „zur Vorbeugung gegen missbräuchliche Wertpapier- und Derivategeschäfte" vom 21.07.2010 ist am 26.07.2010 im Bundesgesetzblatt verkündet worden und im Wesentlichen am 27.07.2010 in Kraft getreten.

---

[303] BGH vom 18.09.2001, XI ZR 337/00.

Mit Inkrafttreten dieses Gesetzes werden ungedeckte Leerverkäufe in deutsche Aktien, in Staatspapiere von Euro-Ländern und in Kreditausfallversicherungen auf Ausfallrisiken von Euro-Ländern, die ohne Absicherungszweck erworben werden, verboten. Betroffen von diesem Verbot sind Wertpapiere, die an einer deutschen Börse im regulierten Markt zugelassen sind[304].

Bei einem Leerverkauf im Sinne des neuen Gesetzes werden Vorgänge erfasst, bei denen der Verkäufer der betreffenden Wertpapiere beim Abschluss des jeweiligen Geschäfts nicht Inhaber des verkauften Wertpapiers ist, oder keinen schuldrechtlichen oder sachenrechtlichen unbedingt durchsetzbaren Anspruch auf Übertragung einer sich entsprechenden Anzahl von Wertpapieren gleicher Gattung hat[305].

Nicht als Leerverkauf erfasst werden Aktien, die im Vorfeld des Leerverkaufs als Wertpapierleihe oder Wertpapierpensionsgeschäft beschafft worden sind[306]. Auch werden Aktien von Unternehmen mit Sitz im Ausland von den neuen Regelungen nicht erfasst, sofern die Aktien nicht ausschließlich an einer inländischen Börse zum Handel im regulierten Markt zugelassen sind[307]. Zudem sind Geschäfte von sog. ‚Market Makern‘, Skontoführern und ‚Liquidity Providern‘, deren Tätigkeit für die Stabilität der Liquidität der Finanzmärkte erforderlich ist, von dieser Regelung ausgenommen[308].

Als weiteres Instrument zum Schutz der Kapitalmärkte ist die BaFin in Absprache mit der Bundesbank dazu ermächtigt, auch andere Geschäfte bis zu einer Dauer von zwölf Monaten zu verbieten. Das Verbot der BaFin kann dabei um maximal zwölf Monate verlängert werden, wobei die BaFin einen Bericht über die Verbotsmaßnahme an den Bundestag zu leiten hat und dieser entscheiden kann, ob das Verbot per Gesetz dauerhaft erlassen werden soll, oder nicht[309].

Neben den Verbotsvorschriften sieht das Gesetz die Etablierung eines zweistufigen Transparenzsystems vor. Auf der ersten Stufe soll eine Meldepflicht für sog. Netto-Leerverkaufspositionen stehen. Dabei werden unter Netto-Leerverkaufspositionen Überhänge an Shortpositionen verstanden[310]. Die Grenze für die Meldung etwaiger Netto-Leerverkaufspositionen beträgt 0,2% der ausgegebenen Aktien eines Unternehmens. Auf der zweiten Stufe sollen die gemeldeten Leerverkaufspositionen im elektronischen Bundesanzeiger veröf-

[304] *Veranneman/Arps/Meagher*, GWR 2010, 337, 337.
[305] *Liebscher/Ott*, NZG 2010, 841, 845.
[306] *Veranneman/Arps/Meagher*, GWR 2010, 337, 337.
[307] *Liebscher/Ott*, NZG 2010, 841, 846.
[308] *Veranneman/Arps/Meagher*, GWR 2010, 337, 337.
[309] *Liebscher/Ott*, NZG 2010, 841, 846.
[310] *Veranneman/Arps/Meagher*, GWR 2010, 337, 337.

fentlicht werden, wenn die Netto-Leerverkaufspositionen eine Grenze von 0,5% der ausgegebenen Aktien eines Unternehmens überschreiten[311].

2. Russland

In der russischen Gesetzgebung taucht der Begriff Hedgefonds erst relativ spät auf. So wurde am 25.06.2008 eine Verordnung vom Föderalen Dienst für Finanzmärkte erlassen, in der erstmals von Hedgefonds die Rede war[312]. Die Verordnung „über die Zusammensetzung und Struktur der Aktiva von Kapitalbeteiligungen, Geldern und Vermögenswerte der Investmentfonds" verwendet in Abschnitt XV den Begriff Hedgefonds und legt Anforderungen an die Zusammensetzung und Struktur der Aktiva von Hedgefonds fest. Darüber hinaus enthält Abschnitt VIII Regelungen für Dachfonds, die in der besonderen Ausgestaltung von Dachhedgefonds Anwendung finden. Erst seit Erlass dieser Verordnung im Jahre 2008 ist es nunmehr möglich, russische Hedgefonds am russischen Kapitalmarkt aufzulegen[313].

Neben den Regelungen der Verordnung „über die Zusammensetzung und Struktur der Aktiva von Kapitalbeteiligungen, Geldern und Vermögenswerte der Investmentfonds" werden Hedgefonds als alternative Investments zudem über das föderale Gesetz „über Investmentfonds", das am 04.12.2001 in Kraft getreten ist, durch das Föderationsgesetz über den Wertpapiermarkt und durch geltende Bestimmungen des Investitionsrecht reglementiert.

Das Gesetz „über Investmentfonds" wurde im Jahre 2007 grundlegend überarbeitet. So wurden Möglichkeiten für Fondsmanager von Geschlossenen- und Intervall-Fonds geschaffen, für qualifizierte Anleger Transaktionen mit verschiedenen Instrumenten und spekulativen Anlagen durchzuführen. Darüber hinaus wurde die Grundlage gelegt, um durch eine Verordnung des Föderalen Dienstes für Finanzmärkte die Auflage russischer Hedgefonds zu ermöglichen[314]; wovon 2008 Gebrauch gemacht worden ist. Trotz der erlassenen Verordnung „über die Zusammensetzung und Struktur der Aktiva von Kapitalbeteiligungen, Geldern und Vermögenswerte der Investmentfonds" im Juni 2008

---

[311] *Liebscher/Ott*, NZG 2010, 841, 846.

[312] 2008.05.20 N 08-19/pz-n.

[313] Präambel der Verordnung „über die Zusammensetzung und Struktur der Aktiva von Kapitalbeteiligungen, Geldern und Vermögenswerte der Investmentfonds" Nr. 2.5.

[314] *Kharlamov, Sergej*: (stellvertretender Leiter des russischen Föderalen Dienstes für Finanzmärkte) im Interview mit Slyusareva, Irina, abrufbar unter: http://www.ffms.ru/ru/press/interviews/printable.php?id_3=241&year_3=2007&mo nth_3=12, zuletzt abgerufen am. 21.09.2010.

sind Hedgefonds erst seit März 2010 voll funktionsfähig, da nun alle geänderten Vorschriften in Kraft getreten sind[315].

Investmentfondanteile im russischen Recht werden wie im deutschen Recht über Treuhand-Verwaltungsgesellschaften abgewickelt. Die Verwaltung von Sondervermögen richtet sich dabei nach Art. 11 III, IV RFInvFG iVm. Art. 1012 ZGB. Eine Treuhandverwaltung hat gem. Art. 17 I RFInvFG Treuhandregeln zu erlassen, die durch den Föderalen Dienst für Finanzmärkte zu registrieren sind. In diesen Treuhandregeln werden alle wesentlichen Punkte, die für die spezielle Ausrichtung des Fonds notwendig sind, geregelt[316]. Treuhandverwaltungsgesellschaften dürfen sich gem. Art. 38 I, 1, 2 RFInvFG nur als offene oder geschlossene Aktiengesellschaft oder als Gesellschaft mit beschränkter bzw. erweiterter Haftung organisieren. Die Russische Föderation, ihre Subjekte und kommunalen Träger kommen als Verwaltungsgesellschaft nicht in Betracht[317].

Hedgefonds können in Russland in zwei Formen organisiert sein. Als Intervall-Anteilsinvestmentfonds oder als geschlossene Anteilsinvestmentfonds[318]. Als Anteilsinvestmentfonds werden gem. Art. 10 I, 1 und 2 RFInvFG Sondervermögen verstanden, die der Verwaltungsgesellschaft von den Gründern der Treuhandverwaltung zur treuhänderischen Verwaltung überlassen sind[319]. Bei Intervallanteilsgesellschaften ist es gem. Art. 11 VI, 1, Alt. 2 RFInvFG möglich, in den Treuhandverwaltungsregeln gestaffelte Kündigungsfristen zu vereinbaren. Im Rahmen dieser Vereinbarungen kann der Anteilseigner die Rückgabe und damit die Auflösung des zwischen ihm und der Verwaltungsgesellschaft geschlossenen Vertrages über die Verwaltung der Anteile bewirken[320]. Anders als bei Intervallanteilsinvestmentfonds ist bei geschlossenen Anteilsinvestmentfond eine Kündigung grundsätzlich nicht möglich[321]. Art. 11 VI, 1, Alt. 3 RFInvFG bestimmt dazu, dass grundsätzlich keine Möglichkeit zur Auflösung des Vertrages vor Ablauf der Geltungsdauer besteht.

Wie in Deutschland ist es in Russland nur bestimmten Investoren gestattet, in klassische Singlehedgefonds zu investieren. So wurde im Zuge der Novellierung des russischen Gesetzes „über Investmentfonds" der Begriff des qualifizierten Anlegers aus dem Gesetz „über den Wertpapiermarkt" adaptiert.

---

[315] Bundesgesetz vom 27. Juli 2010, N 224-FZ.

[316] *Spitzweg*, S. 111.

[317] *Spitzweg*, S. 117.

[318] abrufbar unter: http://ilovefinance.ru/2008/01/06/zakon-%C2%ABob-investicionnyx-fondax%C2%BB/index.htm, zuletzt abgerufen am: 20.09.2010.

[319] *Spitzweg*, S. 101.

[320] *Spitzweg*, S. 105.

[321] *Spitzweg*, S. 105.

a. qualifizierter Anleger

Die Anlage in Hedgefonds als Intervall- bzw. geschlossene Anteilsinvestment-fonds ist gem. Art. 1.4 der Verordnung „über die Zusammensetzung und Struktur der Aktiva von Kapitalbeteiligungen, Geldern und Vermögenswerte der Investmentfonds" nur qualifizierten Anlegern gestattet[322]. Der Begriff des qualifizierten Anlegers wurde in Russland 2007 in Art. 51.2 des Gesetzes „über den Wertpapiermarkt" definiert.

Das Erfordernis bei bestimmten Finanzmarktinstrumenten dem Status als qualifizierter Anleger angehören zu müssen, ist Ausdruck des russischen Anleger-schutzes[323]. In der Praxis ist darüber hinaus zu beobachten, dass sich immer mehr juristische und natürliche Personen als qualifizierter Anleger registrieren lassen, während umgekehrt kraft Gesetzes qualifizierte Anleger anstreben den Status abzulegen[324].

Art. 51.2 RFWpmG unterscheidet qualifizierte Anleger kraft Gesetzes zu denen Makler, Händler, Manager von Wertpapieren und Vermögensanlagen, Kredit-institute, Versicherungen, Investment- und Pensionsfonds, die Zentralbank Russlands, die Vnesheconombank, Einlagensicherungsagenturen, internatio-nale Finanzorganisationen darunter die Weltbank, der Internationaler Wäh-rungsfonds, die Europäische Zentralbank, die Europäische Investitionsbank, die Europäische Bank für Wiederaufbau und Entwicklung; und andere durch föderale Gesetze berechtigte Personen gehören, sowie natürliche und juristi-sche Personen die durch Erfüllung verschiedener Kriterien zu qualifizierten An-legern werden können[325].

Für eine natürliche Person ist es gem. Art. 51.4 RFWpmG möglich, den Status eines qualifizierten Anlegers beim Föderalen Dienst für Finanzmärkte zu bean-tragen. Voraussetzung ist, dass sie entweder Wertpapiere bzw. Finanzinstru-mente im Wert von mindestens 3 Millionen Rubel besitzt und/oder mindestens ein Jahr in einer Organisation als qualifizierter Anleger gearbeitet hat und/oder im Vierteljahr mindestens zehn Finanzmarkttransaktionen abwickelt und im letzten Jahr nicht weniger als 300.000 Rubel investiert bzw. mindestens fünf

---

[322] *Dubrowskij, Alexander*: Hedgefonds in Russland; abrufbar unter: http://hedgeblog.ru/kvalificirovannyj-investor-v-rossijskom-zakonodatelstve, zuletzt abgerufen am: 21.09.2010.
[323] abrufbar unter: http://ilovefinance.ru/2008/01/06/zakon-%C2%ABob-investicionnyx-fondax%C2%BB/index.htm, zuletzt abgerufen am: 20.09.2010.
[324] abrufbar unter: http://hedgeblog.ru/kvalificirovannyj-investor-v-rossijskom-zakonodatelstve&prev, zuletzt abgerufen am: 21.09.2010.
[325] *Supereka, Alexander*: Hedge-Fonds passen in die russische Praxis, abrufbar unter: http://www.business-magazine.ru/investments/raising/pub299959, zuletzt abgeru-fen am: 21.09.2010.

Finanzmarkttransaktionen in den letzten drei Jahren mit einem Investitionsvolumen von 3 Mio. Rubel abgewickelt hat[326].

Juristische Personen können sich beim Föderalen Dienst für Finanzmärkte gem. Art. 51.5 RFWpmG als qualifizierte Anleger qualifizieren lassen, wenn sie eine Eigenkapitalrendite von mindestens 100 Millionen Rubel vorweisen und/oder im Jahr in mindestens fünf Finanzinstrumente investieren bzw. in den letzten vier Quartalen in Finanzinstrumente mit einem Wert von mindestens 3 Mio. Rubel investiert haben. Eine Qualifikation ist darüber hinaus auch möglich, wenn die juristische Person einen Umsatz aus dem Verkauf von Waren im Jahresabschluss nachweisen kann, der für das letzte Geschäftsjahr mindestens 1 Mrd. Rubel beträgt. Zudem ist ein Ausweis als qualifizierter Anleger möglich, wenn die Höhe des Anlagevermögens zum Bilanzstichtag für das letzte Geschäftsjahr mindestens 2 Mrd. Rubel beträgt[327].

Zur Anerkennung als qualifizierter Anleger sind sowohl natürliche als auch juristische Personen verpflichtet, das von dem Föderalen Dienst für Finanzmärkte erlassene Verfahren zu durchlaufen[328].

Der Föderale Dienst für Finanzmärkte hat gem. Art. 51.8 RFWpmG das Recht, einen Antragstellenden den Status des qualifizierten Anlegers zu verweigern, wenn sich die Informationen zur Eignung als qualifizierter Anleger als falsch erweisen sollten. Bereits getätigte Transaktionen werden dann gem. Art. 51. 8 RFWpmG ungültig.

Das russische Recht unterscheidet nicht wie das deutsche Recht ausdrücklich zwischen Single- und Dachhedgefonds. Eine Differenzierung ist vielmehr durch die Stellung der Regelungen in der Verordnung „über die Zusammensetzung und Struktur der Aktiva von Kapitalbeteiligungen, Geldern und Vermögenswerte der Investmentfonds" ersichtlich. So werden Regelungen zu klassischen Dachfonds in Abschnitt acht getroffen, während die Regelungen zu Hedgefonds unter Abschnitt fünfzehn zu finden sind. Inwieweit durch diese Anordnung der Reglementierungen Möglichkeiten zur Bildung von Dachhedgefonds bestehen, kann an dieser Stelle nicht abschließend beurteilt werden.

---

[326] abrufbar unter: http://hedgeblog.ru/kvalificirovannyj-investor-v-rossijskom-zakonodatelstve&prev, zuletzt abgerufen am: 21.09.2010.

[327] abrufbar unter: http://hedgeblog.ru/kvalificirovannyj-investor-v-rossijskom-zakonodatelstve&prev, zuletzt abgerufen am: 21.09.2010.

[328] abrufbar unter: http://hedgeblog.ru/kvalificirovannyj-investor-v-rossijskom-zakonodatelstve&prev, zuletzt abgerufen am: 21.09.2010.

b. Singlehedgefonds

Singlehedgefonds fallen in Russland unter die Verordnung „über die Zusammensetzung und die Struktur der Aktiva von Kapitalbeteiligungen und Vermögenswerten der Investmentfonds". Wie in Deutschland dürfen Singlehedgefonds aus Gründen des Anlegerschutzes keinem Publikum zugänglich gemacht werden. Eine Investition ist somit nur qualifizierten Anlegern iSd. russischen Wertpapiermarktgesetzes gestattet[329].

Die Definition eines Singlehedgefonds im russischen Recht richtet sich nach der Zusammensetzung des Vermögens. Vermögenswerte eines Singlehedgefonds können gem. Art. 15.1 der Verordnung „über die Zusammensetzung und die Struktur der Aktiva von Kapitalbeteiligungen und Vermögenswerten der Investmentfonds" ausschließlich aus:

* Fonds, Währungen, Konten und Einlagen bei Kreditinstituten;

* Aktien russischer Aktiengesellschaften und ausländische Aktiengesellschaften;

* Schuldtiteln;

* Anteile an Aktieninvestmentfonds und Anteilen an Anteilsinvestmentfonds, mit Ausnahme der Investmentfonds der Kategorie Dachfonds;

* Anteile ausländischer Investmentfonds, soweit sie vom Föderalen Dienst für Finanzmärkte zugelassen sind;

* Russische und ausländische Hinterlegungsscheine für Wertpapiere (depositary receipt);

* Edelmetalle;

* Finanzinstrumente deren zugrunde liegenden Vermögenswerte Rohstoffe sind; und

* Finanzinstrumenten deren zugrunde liegende Vermögenswerte Waren sind,

bestehen[330].

Darüber hinaus ist es Hedgefonds nicht gestattet, weitere Finanzinstrumente zu nutzen. Nutzt ein Hedgefonds unberechtigter Weise weitere Instrumente,

---

[329] abrufbar unter: http://hedgeblog.ru/kvalificirovannyj-investor-v-rossijskom-zakonodatelstve&prev, zuletzt abgerufen am: 21.09.2010.
[330] *Dubrowskij, Alexander*: Hedgefonds in Russland; abrufbar unter: http://hedgeblog.ru/kvalificirovannyj-investor-v-rossijskom-zakonodatelstve, zuletzt abgerufen am: 21.09.2010.

hat das die Umqualifizierung in einen anderen Fondstypus und Sanktionen zur Folge[331].

Neben den möglichen Finanzinstrumenten enthält die Verordnung „über die Zusammensetzung und die Struktur der Aktiva von Kapitalbeteiligungen und Vermögenswerten der Investmentfonds" in Art. 15.2 Vorgaben zum Anlagevermögen von Singlehedgefonds. So darf das Fondsvermögens in Form von Bargeld in Kontenguthaben bei einem Kreditinstitut höchstens 25% des gesamten Wertes der Aktiva betragen. Darüber hinaus dürfen in mindestens zwei Drittel der Arbeitstage in einem Kalenderquartal nicht weniger als 70% des Gesamtvermögens des Fondsvermögens erwirtschaftet werden. Zudem darf der geschätzte Wert aller erworbenen Anteile an Anteils- bzw. Aktieninvestmentfonds höchstens 30% des Gesamtvermögens des Fonds betragen. Auch der Erwerb von Anteilen an Anteils- bzw. Aktieninvestmentfonds ist reglementiert. So dürfen nicht mehr als 30% eines bestimmten Fonds gehalten werden. Schließlich darf auch der geschätzte Wert der illiquiden Wertpapiere höchstens 70% des Vermögens eines Intervall-Anteilsinvestmentfonds ausmachen.

c. **Dachhedgefonds**

Dachhedgefonds fallen in Russland unter die Verordnung „über die Zusammensetzung und die Struktur der Aktiva von Kapitalbeteiligungen und Vermögenswerten der Investmentfonds".

Wie in Deutschland können auch in Russland Dachhedgefonds öffentlich gehandelt werden und sind somit einem Publikum zugänglich. Als Organisationsform dienen vorrangig offene Anteilsinvestmentfonds gem. Art. 11 VI, 1, Alt. 1 RFInvFG. Bei offenen Anteilsinvestmentfonds hat der Anteilseigner jederzeit die Möglichkeit, den Vertrag über die Treuhandverwaltung vollständig oder teilweise zu kündigen und damit die Rücknahme der Fondsanteile zu veranlassen[332].

Anders als in Deutschland sind in Russland Dachhedgefonds nicht spezialgesetzlich geregelt, sondern lediglich unter den Themenbereich der klassischen Dachfonds zusammengefasst. Aus diesem Grund unterscheiden sich die in Deutschland spezialgesetzlich geregelten Dachhedgefonds und die in Russland geregelten Dachfonds in Hinblick auf ihre Anlagestrategien deutlich.

In der Verordnung „über die Zusammensetzung und die Struktur der Aktiva von Kapitalbeteiligungen und Vermögenswerten der Investmentfonds" finden

---

[331] *Dubrowskij, Alexander*: Hedgefonds in Russland; abrufbar unter: http://hedgeblog.ru/kvalificirovannyj-investor-v-rossijskom-zakonodatelstve, zuletzt abgerufen am: 21.09.2010.
[332] *Spitzweg*, S. 104.

sich eine Reihe von Anforderungen an die Zusammensetzung und Struktur des Anlagevermögens von Dachfonds wieder.

Gemäß Art. 8.1 der Verordnung darf das Anlagevermögen von Dachfonds nur folgende Gegenstände umfassen:

- Bargeld, einschließlich ausländischer Währung sowie Konten und Einlagen bei Kreditinstituten;

- Schuldtitel;

- Anteile an Anteilsinvestmentfonds und Aktieninvestmentfonds, mit Ausnahme der Investmentfonds des Typs Dachfonds;

- Anteile an ausländischen Investmentfonds, mit Ausnahme der Anteile die nach dem Recht des ausländischen Emittenten als Dachfonds klassifiziert werden;

- russische Hinterlegungsscheine für Wertpapiere, sowie ausländische Hinterlegungsscheine, wenn diese nach dem Recht des ausländischen Emittenten als Dachfonds qualifiziert sind; und

- Hypothekenbriefe, die im Einklang mit der Gesetzgebung der Russischen Föderation ausgestellt wurden[333].

Zusätzliche Anforderungen an einen Fonds, um als Dachfonds qualifiziert werden zu können, sind, dass die eingezahlten Gelder in einem Kreditinstitut u.a. nicht mehr als 25% des Vermögens betragen dürfen. Auch darf der geschätzte Wert der Wertpapiere eines Emittenten im Fonds 15% des Fondsvermögens nicht überschreiten. Darüber hinaus dürfen in mindestens zwei Drittel der Arbeitstage in einem Kalenderquartal nicht weniger als 50% des Gesamtvermögens des Fondsvermögens erwirtschaftet werden. Zudem darf der geschätzte Wert der Investmentanteile an Anteilsinvestmentfonds bzw. Aktieninvestmentfonds, Hypotheken-Genussscheinen und Aktien oder Anteilen an ausländischen Investmentfonds nicht mehr als 35% des verwalteten Vermögens betragen. Der geschätzte Wert der illiquiden Wertpapiere darf höchstens 10% des Wertes der Aktiva eines geschlossenen Investmentfonds und höchstens 50% des Wertes des Vermögens eines Intervall- Investmentfonds ausmachen. Auch der Anteil an Fonds, die nur qualifizierten Anlegern offenstehen, ist begrenzt. So darf der geschätzte Wert der Anteile in diesem Zusammenhang nicht mehr als 5% des Substanzwertes für offene und Intervall-Investmentfonds betragen. Daneben dürfen Dachfonds nicht mehr als 10% ihres Vermögens in geschlossene Investmentfonds investieren.

---

[333] *Dubrowskij, Alexander*: Hedgefonds in Russland; abrufbar unter: http://hedgeblog.ru/kvalificirovannyj-investor-v-rossijskom-zakonodatelstve, zuletzt abgerufen am: 21.09.2010.

Gemäß den Bestimmungen für Dachfonds sieht das russische Recht demnach deutliche Anforderungen in Bezug auf das Anlagevermögen vor. Eine Gestaltungsalternative, die der Form der deutschen Dachhedgefonds näher kommt, ist im russischen Recht nicht vorgesehen.

d. Hedgefonds-Zertifikate

Hedgefonds-Zertifikate werden in Deutschland in vielfältiger Form angeboten. Da im russischen Recht schon die Ausgestaltung der Möglichkeit zur Bildung eines reinen Dachhedgefonds stark begrenzt ist, findet sich auch das Prinzip der deutschen Hedgefonds-Zertifikate nicht wieder. Inwieweit Banken im russischen Recht in der Lage sind, Fondszertifikate als Inhaberschuldverschreibungen auf mehrere Hedgefonds aufzulegen, ist aufgrund der noch recht jungen Gesetzgebung nicht ersichtlich.

e. Marktregularien und Regulierung

Aufgrund der recht späten Einführung von Hedgefonds in die russische Gesetzgebung im Jahre 2008 durch die Verordnung „über die Zusammensetzung und die Struktur der Aktiva von Kapitalbeteiligungen und Vermögenswerten der Investmentfonds", gibt es in Russland anders als in Deutschland keine spezialgesetzlichen Regelungen zur Reglementierung von Hedgefonds.

Die Regulierung der russischen Hedgefonds richtet sich wie in Deutschland nach den Bestimmunen des Investmentrechts. Die Kontrollmechanismen für Hedgefonds und für alle anderen Investmentfonds sind vierstufig aufgebaut. Auf einer ersten Stufe kontrollieren die Depositare die Verfügungen über die Vermögensgegenstände des Investmentfonds. Daneben hat ein externer Wirtschaftsprüfer jährlich eine Wirtschaftsprüfung durchzuführen. Auf der dritten Stufe stehen die sog. Selbstregulierungsorganisationen der Investmentfonds und schließlich überprüfen staatliche Stellen die Einhaltung der Regeln und Standards des Investmentrecht der Russischen Föderation[334].

Ähnlich wie in Deutschland die Depotbanken, gibt es in Russland die Depositare[335]. Depositare sind gem. Art. 7,1 RFWpmG eigentlich ausschließlich zur Verwahrung, Erfassung und Übertragung von Wertpapierzertifikaten zuständig. Neben diesen Dienstleistungen müssen spezialisierte Depositare gem. Art. 43 I RFInvFG die Einhaltung des Investmentgesetzes durch die jeweilige Verwaltungsgesellschaft überwachen. Die spezialisierten Depositare kontrollieren zudem die Einhaltung der Treuhandverwaltungsregeln und insbesondere der Investitionsdeklaration. Darüber hinaus prüfen sie die Verwaltungsgesellschaft

---

[334] *Spitzweg*, S. 229.
[335] *Spitzweg*, S. 229.

hinsichtlich der Einhaltung sonstiger normativer Rechtsakte auf föderaler und kommunaler Ebene. Erfüllt der spezialisierte Depositar die ihm obliegenden Pflichten nicht, haftet er gem. Art. 43 I RFInvFG gegenüber dem Investmentfonds bzw. den Inhabern der Anteile gesamtschuldnerisch mit der Verwaltungsgesellschaft[336].

Wie in Deutschland sind sowohl Aktieninvestmentfonds, als auch Verwaltungsgesellschaften von Anteilsinvestmentfonds dazu verpflichtet, gem. Art. 50 I ivm. Art. 49 I RFInvFG einmal jährlich eine Wirtschaftsprüfung durch einen Wirtschaftsprüfer durchführen zu lassen. Die Wirtschaftsprüfung unterliegt neben den allgemeinen Regeln des Gesetzes „über die Wirtschaftsprüfungstätigkeit" auch dem Abschnitt XI des russischen Investmentfondsgesetzes als ‚lex speciale' und beinhaltet besondere Anforderungen an eine Wirtschaftsprüfung von Investmentfonds[337]. So sind gem. Art. 49 II RFInvFG die buchhalterische Rechnungslegung und Buchführung, die Berichterstattung bzgl. des Fondsvermögens und die Geschäftsoperationen über die Vermögensgegenstände in Hinblick auf die Vereinbarkeit mit dem russischen Investmentrecht und sonstigen föderalen und kommunalen Rechtsakten der Russischen Föderation zu prüfen.

Anders als in Deutschland gibt es in Russland als weiteres Instrument der Marktregulierung die sog. Selbstregulierungsorganisationen[338]. Selbstregulierungsorganisationen sind gesetzlich verankert und gem. Art. 57 I RFInvFG ivm. Art. 48 RFWpmG als „zu Nichthandelsorganisationen zusammengeschlossene Verwaltungsgesellschaften von Investmentfonds" definiert. Selbstregulierungsorganisationen bedürfen gem. Art. 57 I RFInvFG der Erlaubnis der staatlichen Regulierungsbehörden. Die zusammengeschlossene Organisation darf sich und ihren Mitgliedern selbstverpflichtend Regeln, die in Übereinstimmung mit den föderalen und kommunalen Gesetzen und Rechtsakten der Russischen Föderation stehen, auferlegen, diese überwachen und gegebenenfalls sanktionieren[339].

Wie in Deutschland die BaFin, gibt es auch in Russland eine staatliche Institution, die vor allem der Überwachung der Kapitalmärkte dient. Die im April 2004 von der Föderalen Kommission für den Wertpapiermarkt in den Föderalen Dienst für Finanzmärkte überführte Institution, ist das Kernstück der öffentlichen Reglementierung und mit weitreichenden Befugnissen ausgestattet[340]. Dem Föderalen Dienst für Finanzmärke obliegt gem. Art. 55 I RFInvFG

---

[336] *Spitzweg*, S. 231.
[337] *Spitzweg*, S. 239.
[338] *Spitzweg*, S. 241.
[339] *Spitzweg*, S. 241.
[340] *Spitzweg*, S. 245.

die Regulierungstätigkeit über Aktieninvestmentfonds, Anteilsinvestment-fonds, Verwaltungsgesellschaften und spezialisierte Depositaren. Die Befug-nisse des Föderalen Dienstes ergeben sich aus Art. 55 II RFInvFG. Demnach darf der Föderale Dienst Anforderungen festlegen, die Interessenkonflikten zwischen Verwaltungsgesellschaften und Depositaren vorbeugen. Er ist auch dazu berechtigt, vielfältige Verordnungen zu erlassen. So z. B. zur Form und Berichterstattung der Aktieninvestmentfonds und zur Gestaltung der Anlage-vermögen der Investmentfonds insgesamt. Darüber hinaus kann er Anforde-rungen an die Qualifizierung des Personals von Investmentfonds und Erforder-nisse der Wirtschaftsprüfung festlegen, sowie Beschlüsse über die Aussetzung der Ausgabe bzw. der Rückgabe oder des Umtausches von Investmentanteilen erteilen. Neben diesen Reglementierungsbefugnissen kann der Föderale Dienst für Finanzmärkte auch alle anderen sonstigen Befugnisse wahrnehmen, die sich neben dem Investmentfondgesetz der Russischen Föderation bspw. aus anderen Gesetzen wie dem Wertpapiermarktgesetz ergeben[341].

V. Zusammenfassung

Zusammenfassend muss festgehalten werden, dass es global keine einheitli-che Definition für Hedgefonds gibt. Hedgefonds werden vielmehr anhand einer Vielzahl von Charakteristika ausgemacht. Diese Charakteristika versu-chen vor allem die von Hedgefonds genutzten Anlagestrategien zu erfassen. In der Praxis ist die Unterscheidung von Hedgefonds zu anderen Investment-fonds bzw. anderen Anlagestrategien allerdings schwer möglich. So investie-ren Kredit- und Versicherungsinstitute sowie Pensionskassen häufig mit den gleichen Strategien, was eine klare Abgrenzung der Hedgefonds als Investo-rengruppe erschwert. Hinzu kommt, dass auch die Kriterien der flexiblen per-formanceabhänigigen Entlohnung der Manager und die gesteigerte Beteili-gung dieser an den Fonds, zu Zeiten gewollter Mitarbeiter-Kapitalbetei-ligungen, keine Alleinstellungsmerkmale von Hedgefonds sind. Seit ein paar Jahren kann zudem beobachtet werden, dass Hedgefonds zunehmend in den Private-Equity und Venture-Capital Bereich verstoßen und langsam den cha-rakteristischen Kurzfristbereich für ihre Investitionen verlassen, was eine Ab-grenzung zu anderen Branchen erheblich erschwert[342].

Hedgefonds könnte man am sinnvollsten von anderen Akteuren der Finanz-märkte aufgrund ihrer hohen Flexibilität der Anlagestrategien und ihres Be-strebens, positive Renditeentwicklungen möglichst unabhängig der Finanz-märkte zu bewirken, unterscheiden. Allerdings steht diesem Punkt in der Pra-xis die Intransparenz der Hedgefondsbranche entgegen. So versuchen Hedge-

---

[341] *Spitzweg*, S. 247.
[342] *Monschein*, S. 20.

fonds möglichst wenige Informationen über ihre Anlagestrategien nach außen dringen zu lassen. Darüber hinaus sind viele Hedgefonds mit ihrem Sitz offshore beheimatet und unterliegen damit keinen oder nur sehr geringen Veröffentlichungspflichten.

Die Entwicklung der Gesetzgebungen, die das Auflegen von Hedgefonds in Deutschland und Russland ermöglichen, ist in beiden Ländern relativ jung. In Deutschland gibt es seit dem Jahr 2004 die Möglichkeit, Hedgefonds nach deutschem Recht aufzulegen. Im Jahre 2007 wurde das deutsche Investmentrecht modernisiert. Die Modernisierung bestand vornehmlich im Bürokratieabbau und Deregulierungsmaßnahmen sowie der Harmonisierung des deutschen Investmentrechts mit europarechtlichen Vorgaben. In Russland wurde im Jahre 2007 mit der Novellierung des Investmentfondsgesetzes die Grundlage für ein Auflegen von russischen Hedgefonds gelegt. Allerdings bedurfte diese Grundlage einer Verordnung des Föderalen Dienstes für Finanzmärkte, die im Jahre 2008 erlassen wurde und damit das Auflegen russischer Hedgefonds ermöglichte.

Die Rechtslagen für Hedgefonds in Deutschland und Russland sind ähnlich gestaltet. So sind Hedgefonds in beiden Rechtsordnungen überwiegend nicht als juristische Personen, sondern als Sondervermögen, das über eine Verwaltungsgesellschaft verwaltet wird, organisiert. Auch die rechtlichen Konstrukte der Hedgefonds ähneln sich stark. So können in Deutschland Hedgefonds als Kapitalanlagegesellschaft oder als Investmentaktiengesellschaft gegründet werden. In Russland ist lediglich eine Gründung als Anteilsinvestmentfonds möglich, die der deutschen Kapitalanlagegesellschaft sehr nahe steht.

In Russland wie in Deutschland können Hedgefonds in hochspekulative Investments investieren. So ist es sowohl im deutschen Recht als auch im Russischen gestattet, in Futures und Optionen zu investieren, um Anlagestrategien umzusetzen. Aus diesem Grund dürfen in beiden Ländern Singlehedgefonds nur nicht-öffentlich gehandelt werden. Im russischen Recht wurde darüber hinaus der Begriff des qualifizierten Anlegers geprägt. Nur ihm steht die Beteiligung an Hedgefonds zu. In Deutschland gibt es eine derartige Regelung nicht. So können bspw. auch wohlhabende Privatpersonen im Zuge eines ‚Private Placements' in in Deutschland aufgelegte Hedgefonds investieren.

In Deutschland wurde die Möglichkeit geschaffen, Dachhedgefonds als Publikumsgesellschaften aufzulegen. In Russland fehlt dagegen eine explizite Regelung. So sind nach russischem Investmentfondsgesetz und den dazugehörigen Verordnungen nur klassische Dachfonds vorgesehen, die zwar einen geringen Teil ihres Anlagevermögens in Singlehedgefonds investieren dürfen, aber in ihrer Ausgestaltung nicht an deutsche Dachhedgefonds heranreichen.

Die Regulierung der Hedgefonds richtet sich sowohl in Deutschland als auch in Russland nach den investmentrechtlichen Bestimmungen. Während beide Länder die Institutionen des Depositars bzw. der Depotbank und des Wirtschaftsprüfers kennen, ist in Russland die Etablierung von Selbstregulierungsorganisationen gesetzlich vorgesehen. Das deutsche Recht kennt eine derartige Bestimmung nicht. Allerdings agiert der deutsche Bundesverband ‚Investment und Asset Management e.V.‘, dem beinahe alle Kapitalanlagegesellschaften angehören, als eine Art Selbstregulierungsinstanz, indem er Wohlverhaltensregeln auflegt und Empfehlungen bzgl. guten und verantwortungsvollen Umgang mit dem Kapital und der Rechte der Anleger ausspricht. Diese Art der Selbstregulierung entfaltet dennoch keinen verbindlichen Charakter.

Als staatliche Regulierungsorgane ist im deutschen Recht die BaFin und im russischen Recht der Föderale Dienst für Finanzmärkte vorgesehen. Vergleicht man die Befugnisse der beiden Institutionen fällt auf, dass der Föderale Dienst für Finanzmärkte deutlich mehr Kompetenzen im Bereich Rechtsetzung zugesprochen bekommen hat, als die BaFin. Ihm ist es über Generalklauseln möglich, direkt ins Marktgeschehen einzugreifen, um die russische Wirtschafts- und Finanzwelt vor Missbrauch zu schützen. Allerdings stehen der BaFin eine Vielzahl von Eingriffsbefugnissen zu, die im Gegensatz zu den Eingriffsbefugnissen des Föderalen Dienstes für Finanzmärkte deutlich bestimmter und detaillierter gefasst sind.

Zusammenfassend ist festzustellen, dass sowohl Deutschland als auch Russland über ausreichend Regulierungsmöglichkeiten über im Inland aufgelegte Hedgefonds verfügen. Nicht zuletzt ist es aber die Regulierung bzw. „Über"-Regulierung, die dafür sorgt, dass Hedgefonds offshore aufgelegt werden und sich nicht den Regulierungszwängen von Deutschland oder Russland unterwerfen.

D. Einflussmöglichkeiten von Hedgefonds auf die Kapital- und Wertpapiermärkte

Nachdem in Kapitel B und C die rechtlichen Grundlagen zu den Themenbereichen Kapital- und Wertpapiermarkt sowie Hedgefonds gelegt worden sind, konzentrieren sich die folgenden Betrachtungen auf die Implikationen der Hedgefonds für die Kapitalmärkte. Ziel ist es dabei, einen etwaigen Regulierungsbedarf aus der Bedeutung der Hedgefonds für die Kapitalmärkte ableiten zu können.

Zunächst soll dafür die internationale Marktmacht der gesamten Branche analysiert werden, bevor die Märkte in Deutschland und Russland untersucht werden. Anschließend erfolgt eine Betrachtung des daraus resultierenden Regulierungsbedarfs.

I. International

Hedgefonds haben einen Einfluss auf die internationalen Kapital- und Wertpapiermärkte. Anzumerken ist dabei insbesondere, dass durch die Intransparenz der gesamten Branche die Informationsgewinnung in diesem Bereich äußert schwer ist. Zwar gibt es ausreichend Marktforschungsinstitute, die auf die speziellen Bedürfnisse der Hedgefonds ausgerichtet sind und fast ausschließlich der Informationsgewinnung dienen, allerdings sind in diesem Bereich kostenlose Informationen nur bedingt zu bekommen.

1. Die Marktmacht der Hedgefondsbranche

Die Branche der Hedgefonds gehörte vor der Finanzmarktkrise zu den am stärksten wachsenden Branchen. 1995 gab es weltweit rund 5.000 Hedgefonds, die Kapital in Höhe von 200 Mrd. US-Dollar verwalteten[343]. Ende 2007 gab es gemäß den Schätzungen von der ‚Hennesse Group' schon rund 9.800 Hedgefonds, die Vermögen in Höhe von rund 1.442 Mrd. US-Dollar verwalteten. Das britische Marktforschungsinstitut ‚Hedge Fund Intelligence' meldete vor Einsetzen der Finanzkrise bereits ein von Hedgefonds zu verwaltendes Kapital in Höhe von weltweit 2.000 Mrd. US-Dollar[344].

Das zu verwaltende Kapital investieren Hedgefonds in verschiedene Branchen. So waren sie 2007 Marktführer bei dem Ankauf notleidender Kredite mit einem Marktanteil von geschätzten 80%[345]. Zudem waren sie auf dem Derivatemarkt mit einem Marktanteil von ca. 60% und auf dem Markt für Anleihen

---

[343] *Weber*, WISU-Magazin 2006, 1457, 1457.
[344] *Bohsem/Atzler*, Financial Times Deutschland vom 11.04.2007.
[345] *Steinbrück*, ZfgK 2007, 393, 393.

von Schwellenländern mit einem Marktanteil von 45% vertreten[346]. Darüber hinaus investierten sie rund 25% in spekulative Anleihen[347].

Auch wenn diese Zahlen beeindrucken, so belief sich das Gesamtanlagevolumen von Hedgefonds 2007 allerdings nur auf ca. 1% der weltweit getätigten Anlagen[348] und weniger als zehn Prozent des von Investment- und Pensionsfonds verwalteten Geldes[349]. Dennoch zeugen diese Zahlen von der stetig steigenden Marktmacht dieser Branche.

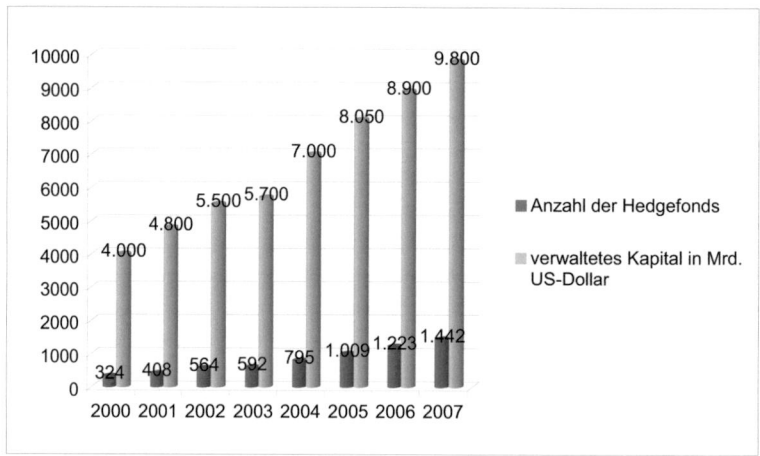

Abb. 2: Wachstum der Hedgefondsbranche

Quelle: angelehnt an Hennesse Group[350]

Mit der Finanzkrise 2008 veränderte sich das Bild der Hedgefondsbranche. Im März 2009 teilte der Datendienstleister ‚Hedge Fund Research' mit, dass durch die Krise insgesamt 1.471 Hedgefonds weltweit aufgelöst wurden, was einem Rückgang von 15% entspricht[351]. Betroffen waren neben wenigen Dachhedge-

---

[346] *Steinbrück*, ZfgK 2007, 393, 393.

[347] *Steinbrück*, ZfgK 2007, 393, 393.

[348] Greenwich alternative Investments: abrufbar unter: http://www.greenwichai.com/index.php?option=com_rubberdoc&view=doc&id=27 0&format=raw&Itemid=35, zuletzt abgerufen am: 21.09.2010.

[349] Greenwich alternative Investments: abrufbar unter: http://www.greenwichai.com/index.php?option=com_rubberdoc&view=doc&id=270&f ormat=raw&Itemid=35, zuletzt abgerufen am: 21.09.2010.

[350] abrufbar unter: http://globalisierung.insm.de/article/2/63632/64854, zuletzt abgerufen am: 13.09.2010.

[351] *Kishan*, Hedge-Fund Liquidations Jumped to Record in 2008, abrufbar unter: http://www.bloomberg.com/apps/news?pid=newsarchive&sid=aQSrmGZtL_3w, zuletzt abgerufen am: 13.09.2010.

fonds vor allem Singlehedgefonds. Das verwaltete Fondsvermögen sank in der Krise nach Angaben von ‚Morgan Stanley' 2008 auf 1.200 Mrd. US-Dollar[352].

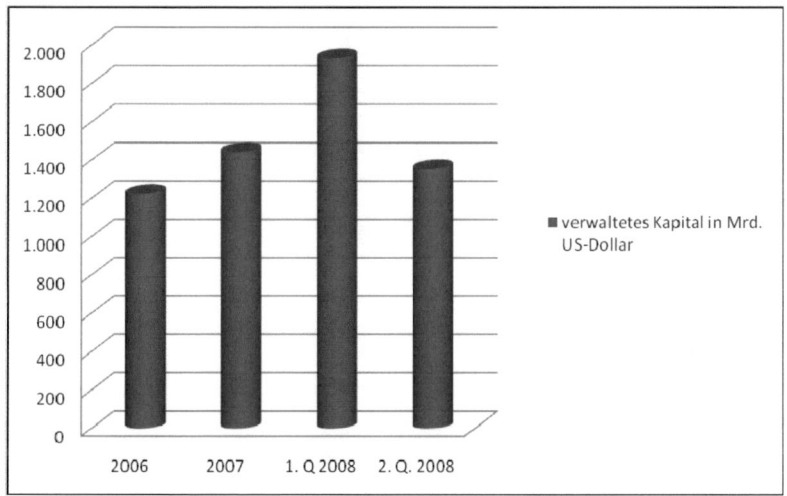

Abb. 3: Hedgefonds während der Finanzkrise
Quelle: Morgan Stanley[353]

Die aktuellsten Zahlen der Hedgefondsbranche beziehen sich auf das Jahr 2009. 2009 stieg das zu verwaltende Vermögen der Fonds um ca. 13 % auf rund 1.700 Mrd. US-Dollar[354]. Verwaltet wurde das Vermögen von ca. 9.400 Fonds[355].

Vergleicht man das nach der Krise wieder stetig wachsende Fondsvermögen der Hedgefonds mit den Bruttoinlandsprodukten einiger Wirtschaftsnationen, wird die eigentliche Marktmacht der Hedgefonds erst sichtbar. So steht einem Fondsvermögen von 1.700 Mrd. US-Dollar ein Bruttoinlandsprodukt der Griechen von 352 Mrd. US-Dollar oder der Russen in Höhe von 1.660 Mrd. Dollar gegenüber[356]. Nicht mit einkalkuliert sind dabei die jeweiligen Staatsverschuldungen.

---

[352] *Fabricius*, Welt am Sonntag vom 11.10.2009.
[353] angelehnt an: Wirtschaftswoche, abrufbar unter: http://static.wiwo.de/media/1/hedgefonds.jpg, zuletzt abgerufen am: 13.09.2010.
[354] *Kroder/Atzler*, Financial Times Deutschland vom 20.05.2010.
[355] IFSL Research: S. 1.
[356] IMF: abrufbar unter: http://www.imf.org/external/pubs/ft/weo/2010/01/weodata/index.aspx, zuletzt abgerufen am: 13.09.2010.

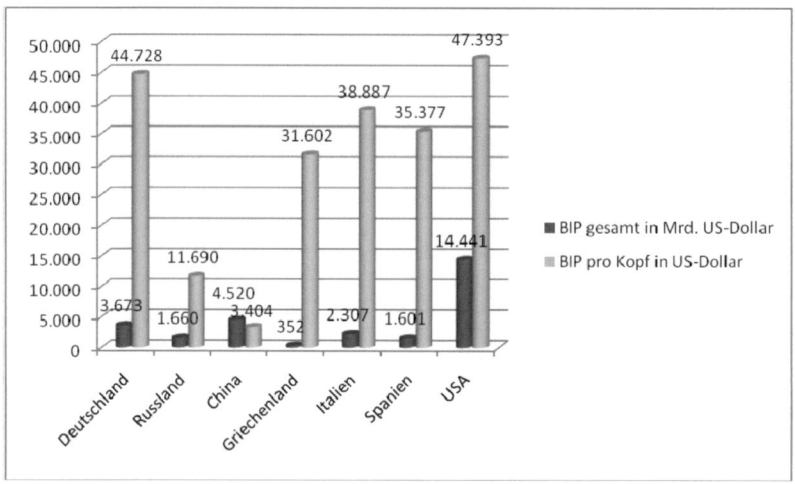

Abb. 4: Bruttoinlandsprodukt ausgewählter Länder 2008

Quelle: eigene Darstellung, Daten: Internationaler Währungsfond[357]

Hypothetisch ist es also möglich, dass Hedgefonds mit Bündelung ihres Kapitals dazu in der Lage sind, Volkswirtschaften auszukaufen oder zumindest deutlich zu beeinflussen. Dass ein Auskaufen von Volkswirtschaften keine blanke Utopie der Wissenschaft ist, zeigte zuletzt der knapp verhinderte Staatsbankrott Islands im Jahre 2008, der nur durch Eingreifen des Internationalen Währungsfonds verhindert werden konnte[358].

Umso deutlicher zeigte sich abermals im Frühjahr 2010 die Macht der Hedgefonds, als sich die Größten der Branche im Januar in New-York trafen, um über eine Ausnutzung der Griechenlandkrise zu beraten[359]. Hintergrund der Debatte war eine Haushaltskrise Griechenlands, die aufgrund der griechischen Staatsverschuldung in Folge der Finanzkrise ab 2007 entstand und zu einer Destabilisierung der europäischen Gemeinschaftswährung führte. Dazu kam es, da während der Krise die Risikoabsicherung für griechische Staatsanleihen innerhalb eines halben Jahres um 300% auf ca. 320.000 Euro stieg[360]. Die zusätzliche

---

[357] abrufbar unter:
http://www.imf.org/external/pubs/ft/weo/2010/01/weodata/index.aspx, zuletzt abgerufen am: 13.09.2010.

[358] *Steuer*, Handelsblatt vom 20.11.2008.

[359] Spiegel online: Hedgefonds verschwören sich gegen den Euro, vom 26.02.2010, abrufbar unter:
http://www.spiegel.de/wirtschaft/unternehmen/0,1518,680555,00.html, zuletzt abgerufen am: 15.09.2010.

[360] *Hoffmann*, Süddeutsche Zeitung vom 04.03.2010.

Risikoabsicherung belastete den Euro, der von einem Stand gegenüber dem Dollar von 1,51 im November 2009 auf einen Stand von 1,19 US-Dollar im Juni 2010 sank[361].

Der Einbruch der Gemeinschaftswährung gegenüber dem Dollar wurde maßgeblich durch Spekulationen der Hedgefonds beeinflusst. Die Beeinflussung der Märkte lässt sich dabei auf verschiedene Annahmen zurückführen. So nahmen die Hedgefonds zunächst an, dass Griechenland sein Schuldenproblem nicht allein bewältigen könne und, dass daher die Gemeinschaft durch Aussetzung von Schuldenzahlungen Griechenland vor einem Bankrott bewahren würde. Unter dieser Annahme investierten die Hedgefonds in Finanzprodukte, die durch Schuldenaussetzung Gewinne generierten[362].

Als sich in der europäischen Diskussion herausstellte, dass neben Griechenland auch Portugal, Spanien und Irland stark verschuldet waren, wetteten die Hedgefonds auch gegen Staatsanleihen dieser Länder und erhöhten ihre Gewinne zusätzlich[363].

Die Hedgefonds setzten in diesem Zusammenhang auf einen deutlichen Kursrutsch des Euro. So wurden an der Chicagoer Terminbörse Netto-Verkaufspositionen in Höhe von 12 Mrd. Dollar gehalten[364]. Die Gewinnmitnahmen der Hedgefonds wurden durch einen enormen Einsatz von Fremdkapital und einer hohen Leverageratio zudem massiv gehebelt.

Durch den 750 Milliarden Euro Rettungsschirm der europäischen Gemeinschaft, der Unterstützung des Internationalen Währungsfonds und der politischen Bestätigung, dass die Gemeinschaft kein Gemeinschaftsmitglied in den Bankrott schicken wird, konnte sich der Euro in den letzten 3 Monaten wieder erholen. Derzeit liegt der Kurs bei 1,299 US-Dollar[365]. Bis Ende des Jahres wird sich der Euro auf ca. 1,36 US-Dollar stabilisieren[366].

Neben Fondsanzahl und dem verwalteten Vermögen spielt auch immer wieder die Standortwahl der Hedgefonds eine bedeutende Rolle in der Diskussion. So

---

[361] abrufbar unter: http://www.finanzen100.de/waehrungen/euro-us-dollar-eur-usd-_H1384581097_9368502/, zuletzt abgerufen am: 14.09.2010.

[362] Zeit-online: „Hedgefonds treiben die Herde" vom 12.05.2010, abrufbar unter: http://www.zeit.de/wirtschaft/2010-05/eurorettung-hedgefonds-herdentrieb, zuletzt abgerufen am: 14.09.2010.

[363] Zeit-online: „Hedgefonds treiben die Herde" vom 12.05.2010, abrufbar unter: http://www.zeit.de/wirtschaft/2010-05/eurorettung-hedgefonds-herdentrieb, zuletzt abgerufen am: 14.09.2010.

[364] *Hoffmann*, Süddeutsche Zeitung vom 04.03.2010.

[365] abrufbar unter: http://www.finanzen100.de/waehrungen/euro-us-dollar-eur-usd-_H1384581097_9368502/, zuletzt abgerufen am: 15.09.2010.

[366] abrufbar unter: http://www.umrechnungstabelle.eu/EUR-Entwicklung-2010-mit-Euro-Prognose-zum-Dollar.htm, zuletzt abgerufen am: 27.09.2010.

unterhält der überwiegende Teil der Hedgefonds Ihren Sitz an einem Offshore-Finanzplatz. Gründe hierfür bestehen zum einen in den vorherrschenden Steuerbegünstigungen und zum anderen in den geringeren Reglementierungen durch die jeweiligen Kapitalmarkt-Gesetzgebungen. In Zahlen waren 2009 rund 60% der Hedgefonds offshore und 40% onshore registriert[367].

2006 verteilte sich das verwaltete Fondsvermögen mit 39% auf die Cayman Inseln, gefolgt von Delaware (US) mit 27%, den Britischen Jungferninseln mit 7% und den Bermudas mit 5%[368]. Der größte Onshore-Sitz für Hedgefonds sind die USA. In Europa sind rund 5% der weltweit registrierten Hedgefonds beheimatet.[369] Bevorzugte Standorte für Hedgefonds sind aufgrund ihrer liberalen Steuerreglementierungen Irland und Luxemburg.

Während das rechtliche Domizil der Hedgefonds überwiegend offshore platziert ist, sind die agierenden Fondsmanager meist onshore beheimatet. Die meisten Hedgefondsmanager gibt es in New-York (US) mit einem zu verwaltendem Fondvermögen von 41% des weltweit verwalteten Kapitals[370]. In Europa ist London das größte Managementzentrum der Hedgefondsbranche und verwaltet hier immerhin 76% des europäischen Fondsvermögens[371].

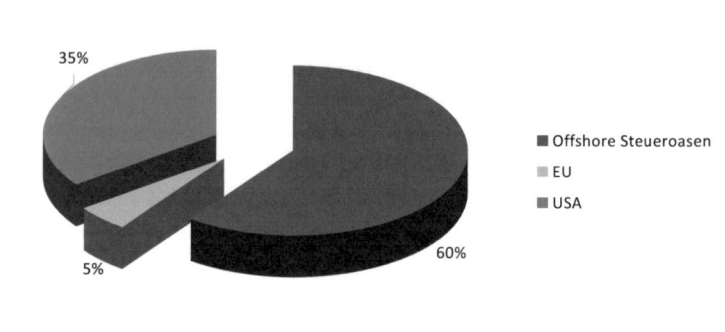

35%

■ Offshore Steueroasen

■ EU

■ USA

60%

5%

Abb. 5: Sitz der Hedgefonds

Quelle: EZB 2005, angelehnt an Hans Böckler Stiftung 2007[372]

---

[367] IFSL Research: S. 2.

[368] IFSL Research: S. 2.

[369] IFSL Research: S. 2.

[370] IFSL Research: S. 3.

[371] IFSL Research: S. 3.

[372] abrufbar unter: http://www.boeckler-boxen.de/3945.htm, zuletzt abgerufen am: 13.09.2010.

Zusammenfassend kann aufgrund der vorliegenden Zahlen und der Tätigkeiten der Hedgefonds in den letzten zwei Jahren nur von einer Marktmacht dieser Branche gesprochen werden, die das Potential zur Beeinflussung von Märkten und ganzen Volkswirtschaften hat und dieses auch bewusst nutzt, um Gewinne zu maximieren.

2. Internationaler Einfluss

Ausgehend von der Marktmacht der Hedgefonds soll nun untersucht werden, inwieweit diese ihre Macht auf den internationalen Märkten nutzen und inwiefern Kapitalmarktchancen und Risikopotentiale der Hedgefonds diesen Einfluss unterstützen.

a. Kapitalmarktchancen

Die ursprüngliche Idee des Hedgefondsbegründers Jones war es, durch Portfoliodiversifikation das Anlagerisiko unter Hebelwirkung von Fremdkapital zu minimieren. Grundsätzlich war das Anliegen des Erfinders der Hedgefonds also auf Risikominimierung und gleichzeitiger Gewinnsteigerung ausgerichtet.

Zu den wichtigsten Marktchancen von Hedgefonds zählt die Liquiditätssteigerung[373]. Eine durch Hedgefonds ausgelöste Liquiditätssteigerung kann dabei vor allem durch die hohe Portfolioumschlaghäufigkeit der Fonds begründet werden[374]. Darüber hinaus wirkt sich der charakteristische, erhöhte Investitionsgrad der Fonds durch Fremdkapital positiv auf die Liquiditätslage des Gesamtmarktes aus[375]. Letztendlich wirken auch die vielfältigen Strategien der Hedgefondsmanager positiv auf die Marktliquidität, da diese häufig dem Markttrend wiedersprechende Produkte und Nischenmärkte umfassen[376].

Als weiterer positiver Faktor ist der Einfluss der Hedgefonds auf den Preisfindungsprozess zu nennen. Hedgefonds spekulieren in diesem Zusammenhang gezielt auf Marktfehlbewertungen und bewirken, dass sich die Werte gegebenenfalls schneller an ihre Fundamentalwerte angleichen[377]. Zudem bewirkt das Aufkaufen und Leerverkaufen gegensätzlicher Positionen eine Bereinigung der Aussagekraft der Produktpreise[378]. Auch bei Produktüberwertungen können

---

[373] *Garbaravicus/Dierick*, S. 25.
[374] IMF: Global Financial Stability Report, 2005, S. 76.; EZB, Monatsbericht Januar 2006, S. 77.
[375] *Steinbrück*, ZfgK 2007, 393, 393.
[376] *Garbaravicus/Dierick*, S. 25.
[377] EZB: Monatsbericht Januar 2006, S. 77; Kremer in: Conrad/Stahl, S. 230.
[378] *Monschein*, S. 68.

Hedgefonds stabilisierend wirken, indem sie bspw. überbewertete Aktien auf der Verkäuferseite leer verkaufen.

Ein weiterer positiver Aspekt ist die Risikobereitschaft der Hedgefonds. Hedgefonds investieren als klassische alternative Investments selbst gerne in hochspekulative Produkte wie Derivate oder Kreditausfallversicherungen[379]. Durch Übernahme dieser risikoreichen Produkte nehmen Hedgefonds gezielt Risiken von den Märkten. Eine verbesserte Risikostreuung ist die Folge[380]. Der anhaltende Trend von Hedgefonds zunehmend in den Bereich von Private Equity und Venture Capital vorzudringen verstärkt die Risikoallokation zudem[381].

Eine weitere Marktchance stellt die Portfoliodiversifikation dar. Hedgefonds versuchen ihre Strategien so zu nutzen, dass Gewinne unabhängig der Marktentwicklung generiert werden können. Investoren erreichen somit durch Beimischung von Hedgefondsanteilen in ihre Portfolios ein unabhängigeres Ertrags-Risiko-Verhältnis vom Gesamtkapitalmarkt[382].

Zusammenfassend lässt sich durchaus eine Stabilisierung der Kapitalmärkte durch die Tätigkeiten der Hedgefonds ableiten. Inwieweit die positiven Aspekte von den negativen ausgeglichen werden können, ist Gegenstand folgender Betrachtungen.

b. Risikopotential

Heute werden immer mehr Stimmen laut, die von Hedgefonds als „verantwortungslose Heuschreckenschwärme, die im Vierteljahrestakt Erfolg messen, Substanz absaugen und Unternehmen kaputtgehen lassen, wenn sie sie abgefressen haben"[383] sprechen. Ausgehend von dieser Aussage lässt sich das von Hedgefonds ausgehende Risikopotential ableiten.

Das Risikopotential von Hedgefonds lässt sich zunächst in zwei Gruppen unterteilen, den systemischen und den systematischen Risiken. Dabei wird von systemischen Risiken gesprochen, wenn ein Risiko für das gesamte System der Kapitalmärkte besteht[384], während von systematischen Risiken gesprochen wird, wenn Risiken in Bezug auf das Marktrisiko des Investors bestehen[385].

---

[379] *Meister*, FAZ vom 14.02.2007.

[380] *Monschein*, S. 67.

[381] *Hilpold/Kaiser*, S. 66.

[382] *Hesse*, Süddeutsche Zeitung vom 01.04.2007.

[383] *Müntefering*, Vortrag: „Freiheit und Verantwortung", Friedrich Ebert Stiftung am 22.11.2004.

[384] *Hellwig* in: Duwendag, S. 125.

[385] *Monschein*, S. 56.

aa. systemische Risiken

Systemische Risiken von Hedgefonds entstehen vor allem durch die enge Vernetzung mit Banken und Finanzdienstleistern[386]. Durch den enormen Fremdkapitalbedarf der Hedgefonds zur Hebelung der Eigenkapitalrendite, ist es notwendig, Fremdkapital von Banken aufzunehmen. Kommt nun ein Hedgefonds oder eine Bank in finanzielle Schieflage, hat das auch immer Auswirkungen auf die andere Partei. So fallen bei Solvenzproblemen einer kreditgebenden Bank z. B. Fremdkapitalvolumina weg, die zum Liquiditätsverlust des Hedgefonds führen[387]. Der Hedgefonds müsste, um die Liquiditätsverluste auszugleichen, Positionen vorzeitig gewinnbringend veräußern. Kalkulierte Marktfehlbewertungen könnten so nicht optimal genutzt werden und durch den verringerten Einsatz von Fremdkapital würde sich die Eigenkapitalrendite des Fonds verschlechtern. Eine Verschlechterung der Eigenkapitalrendite würde eine Abwertung des Fonds im Rating bedeuten, woraufhin Investoren des Fonds verloren gehen würden und neben dem Liquiditätsverlust im Gesamtmarkt auch die kreditgebenden Banken Verluste zu erwarten hätten[388].

Die wechselseitigen Beziehungen der Hedgefonds zum Finanzsektor bergen noch ein weiteres Problem. So treten Banken und Finanzdienstleister nicht nur als Fremdkapitalgeber auf. Häufig sind sie als Großinvestoren selbst an Hedgefonds beteiligt, um ihr Portfolio zu diversifizieren. In dieser Doppelfunktion treffen verschiedene Interessen aufeinander. Eine klare Differenzierung der Positionen ist nur schwer möglich. In dieser Doppelfunktion können sich systemische Probleme ergeben, weil sich die Kreditgläubiger und gleichzeitigen Anteilseigner mit der Risikoabsicherung der Kredite und einer möglichst hohen Renditeerwartung des Investments konfrontiert sehen[389].

Weitere systemische Risiken stellen die sog. Kaskadeneffekte dar[390]. So kann z. B. der Zusammenbruch einer Bank, wie Lehman Brothers im September 2008, den Zusammenbruch vieler weiterer Banken bedingen und auch in der Hedgefondsbranche zeigte sich während der Finanzkrise 2008, dass Zusammenbrüche von Hedgefonds weitere Zusammenbrüche in der Branche auslösten[391].

Ein weiteres Risiko ergibt sich aufgrund des sog. Herdentriebs einer Branche[392]. Stellt z. B. eine Bank fest, dass sie Kreditsicherheiten hält, die nicht so

---

[386] *Steinbrück*, ZfgK 2007, 393, 394.
[387] *Bednarz*, S. 173.
[388] *Kremer* in: Conrad/Stahl, S. 225.
[389] *Monschein*, S. 61.
[390] *Lähn*, S. 34.
[391] *Riecher*, Die Presse vom 08.08.2009; *von Heusinger*, Die Zeit vom 20.04.2006.
[392] *Bednarz*, S. 180.

viel wert sind wie die ausstehenden Kredite und wird dieser Umstand in der Branche bekannt, werden auch andere Banken ihre Kreditsicherheiten überprüfen, um festzustellen, ob diese ausreichend sind oder nicht. Befinden die Banken ihre Sicherheiten für nicht ausreichend, sind also die zu Grunde gelegten Geschäfte zu gering besichert, so stellt dies ein internes Risiko dar, welches zu einer Abwertung der Bank im Rating und damit zu steigenden Fremdkapitalkosten führen kann. Die Kalkulationsgrundlage der Bank würde sich deutlich ändern und mit Verlusten, weit über die unterbesicherten Kredite hinaus, müsste auch aufgrund des Imageverlustes gerechnet werden.

Herdentriebe können auch in der Hedgefondsbranche beobachtet werden. So spekulierte die Branche Anfang dieses Jahres 2010 zunächst auf ein Sinken der griechischen Staatsanleihen. Als sich das Überschuldungsproblem auf Portugal, Spanien und Irland ausweitete, traf sich die Hedgefondsbranche in New-York und beschloss auf einen fallenden Eurokurs zu setzen[393]. Ein weiteres Beispiel des Herdentriebs der Hedgefondsbranche stellten die Wetten auf einen fallenden VW-Kurs im Oktober 2008 dar[394]. Die Fonds liehen sich VW-Aktien bei ihren Banken, um diese am Markt zu verkaufen. Sie spekulierten auf eine Überbewertung der Aktien und wollten diese zu niedrigeren Kursen zurück kaufen, um sie dann den Banken wieder zurück zu geben. Die erwartete Differenz zwischen Leihkurs und Verkaufskurs, wäre dann der Gewinn für die Hedgefonds gewesen. Allerdings verspekulierten sich die Fonds. Porsche kaufte den Markt an VW-Aktien leer, und durch diese Verknappung kam es zu weiteren Kurssteigerungen bei VW. Zum Zeitpunkt, als die Hedgefonds die Aktien zurückkaufen mussten, da ihre Leihverträge mit den Banken ausgelaufen waren, befand sich die VW-Aktie auf einem neuen Höchststand[395]. Die Hedgefondsbranche verlor in diesem Zusammenhang Kapital in Höhe von 30 Mrd. Euro[396].

Die asymmetrische Informationsverteilung stellt ein weiteres systemisches Risiko der Hedgefondsbranche dar. Hedgefonds halten sich bewusst bedeckt, wenn es um konkrete Anlagestrategien oder Informationen bzgl. ihres Anlagevolumens geht. Diese bewusste Intransparenz hat Auswirkungen auf den Gesamtkapitalmarkt[397]. So ist es sowohl von Seiten der anderen Kapitalmarkt-

---

[393] *Hoffmann*, Süddeutsche Zeitung vom 04.03.2010.
[394] Focus Money online: vom 29.10.2008 abrufbar unter: http://www.focus.de/finanzen/boerse/finanzkrise/vw-aktie-hedge-fonds-verbraten-milliarden_aid_344334.html, zuletzt abgerufen am 14.09.2010.
[395] Focus Money online: vom 29.10.2008 abrufbar unter: http://www.focus.de/finanzen/boerse/finanzkrise/vw-aktie-hedge-fonds-verbraten-milliarden_aid_344334.html, zuletzt abgerufen am 14.09.2010.
[396] *Boeschen/Schürmann*, WirtschaftsWoche vom 06.11.2008.
[397] *Steinbrück*, ZfgK 2007, 393, 394.

teilnehmer als auch für die Politik schwer, die intransparente Branche einschätzen zu können. Spekulationen, Vermutungen und Halbwissen sind die Folge. Eine weitere Auswirkung der asymmetrischen Informationsverteilung ist die Fehleischätzung der Werte der Anlagen in Hedgefonds. Hedgefonds unterliegen zum großen Teil nur geringen Publikationsverpflichtungen. In diesem Zusammenhang erfahren auch institutionelle Großinvestoren häufig erst im Nachhinein von der Entwicklung ihrer Beteiligung[398]. Ein reagieren auf Marktveränderungen ist somit nur bedingt möglich. Darüber hinaus ist es schwierig, Risikoprofile zu erstellen, um mögliche Risikopotentiale ausmachen zu können.

Zu den wichtigsten Kapitalmarktchancen von Hedgefonds gehört ihr Einfluss auf den Preisbildungsprozess. Im Zusammenhang mit den Risikopotentialen von Hedgefonds wird aber immer häufiger von einer Preisbeeinflussung gesprochen. Ob ein Herdenverhalten von Hedgefonds-Managern Marktpreise beeinflussen kann, ist bislang weder wissenschaftlich noch empirisch bestätigt und auch der Fall VW-Aktie macht deutlich, dass sich Hedgefonds auf dem Kapitalmarkt verspekulieren können[399].

Schließlich wird als systemisches Risiko das marktmissbräuchliche Verhalten der Hedgefonds angeführt[400]. An dieser Stelle stellt sich die Frage, was marktmissbräuchliches Verhalten eigentlich ist. Ist es ein bewusstes überschreiten der Gesetze, um den Markt zu manipulieren, oder besteht marktmissbräuchliches Verhalten bereits dann, wenn Gesetzeslücken oder Regelungen zu Gunsten der Hedgefonds ausgelegt werden und sich Manipulationsspielräume aus einer unzureichenden Gesetzgebung ergeben. Die Frage ist schwer zu beantworten und eine Antwort liefert auch die Literatur und Presse nicht. Solange sich Hedgefonds im Rahmen eines Rechtssystems, und sei es auf den Cayman-Inseln, bewegen, kann man wohl nicht von marktmissbräuchlichen Verhalten ausgehen, da jeder Marktteilnehmer in seinen Möglichkeiten und nach der jeweiligen Gesetzeslage die bestmögliche Position für sich generieren möchte und dieser Umstand in unserer kapitalisierten Welt auch anerkannt ist.

---

[398] *Monschein*, S. 61.
[399] *Bednarz*, S. 182.
[400] *Bednarz*, S. 183.

bb. systematische Risiken

Neben den systemischen Risiken sieht sich die Hedgefondsbranche vor allem mit systematischen Risiken konfrontiert.

Das Hauptrisiko stellt dabei insbesondere das Investmentrisiko zum einen auf Seite des Anlegers, zum anderen auf Seiten des Managements dar[401]. Hedgefonds arbeiten naturgemäß mit Ineffizienzen der Märkte. So spekulieren sie auf unter- oder überbewertete Produkte, um die Gegenpositionen leer zu verkaufen und so Gewinne generieren zu können. Um die häufig geringen Gewinnspannen zwischen An- und Verkauf bestmöglich ausnutzen zu können, arbeiten Hedgefonds mit der Hebelwirkung des Fremdkapitals. Zu systematischen Risiken kommt es, wenn ein Hedgefonds sich verspekuliert. Da er die Produkte mit Hilfe von Fremdkapital vorfinanziert hat, bedeutet eine Fehlspekulation regelmäßig den Totalverlust des Geschäftes und auch das Management des Fonds geht leer aus, da die sog. ‚Performance Fee' als Hauptbestandteil des Gehaltes eines Hedgefonds-Managers[402] größtenteils leistungsabhängig zu entrichten ist.

Des Weiteren entstehen auch für die Portfoliogesellschaften erhebliche Risiken im systematischen Bereich. Hedgefonds investieren um im Kurzfristbereich hohe Gewinne zu generieren[403]. Dabei fehlt es häufig an einer langfristigen Ausrichtung. Die fehlende langfristige Ausrichtung findet sich auch im Vergütungsmodell der Hedgefondsmanager wieder. Die überproportionale Gehaltskomponente einer üblichen ‚Performance Fee' ist auf kurzfristigen Erfolg und nicht auf langfristige Stabilität ausgerichtet. Auch bei Übernahmen und Fusionen ist regelmäßig zu beobachten, dass die kurzfristige Gewinnmaximierung langfristigen Unternehmenszielen untergeordnet ist. Häufig werden so Restrukturierungen unterlassen und Unternehmen filetiert und weiterveräußert[404].

---

[401] EZB: Monatsbericht Januar 2006, S. 23 f.
[402] *Monschein*, S. 15.
[403] *Monschein*, S. 64.
[404] *Bednarz*, S. 110.

c. Kapitalmarktchancen vs. Risikopotential

Zusammenfassend seien die wichtigsten Kapitalmarktchancen und Risikopotentiale kurz gegenüber gestellt.

Kapitalmarktchancen	Risikopotential
Liquiditätssteigerung	Leverage-Risiko
Erhöhung Preiseffizienz	Preisbeeinflussung
Risikoallokation	Investmentrisiko
Portfoliodiversifikation	asymmetrische Informationsverteilung
	Kaskadeneffekte
	Herdentrieb

Abb. 6: Kapitalmarktchancen vs. Risikopotential

Quelle: eigene Darstellung

Betrachtet man die Gegenüberstellung der Chancen und Risiken von Hedgefonds auf die Kapitalmärkte, fällt zunächst auf, dass es mehr Risiken als Chancen gibt. Wiegt man nun die Marktchancen gegen die Risikopotentiale auf, fällt auf, dass jede Chance direkt oder indirekt mit einem Risikopotential verbunden ist.

Der durch einen hohen Grad an Fremdfinanzierung generierte Liquiditätszufluss am Kapitalmarkt kann bei steigen der Fremdkapitalzinssätze schnell in ein Leverage-Risiko umgekehrt werden und die Eigenkapitalrendite der Hedgefonds zu Nichte machen. Darüber hinaus steht dem gehebelten Liquiditätszuwachs im Markt keine Substanz gegenüber. Man könnte sagen, dass es sich um unechte Liquidität handelt, die bei einer bestimmten Marktkonstellation auftritt, aber niemals von Dauer ist.

Die Erhöhung der Preiseffizienz steht der Preisbeeinflussung gegenüber. Sicher kann man sagen, dass Hedgefonds Preise beeinflussen, indem sie Fehlbewertungen der Märkte erkennen und auf deren Berichtigung durch den Markt spekulieren. Regelmäßig tragen Hedgefonds durch ihren Herdentrieb dazu bei, dass die Fehlbewertungen schneller ausgeglichen werden können. Dennoch würde sich der Markt früher oder später auch ohne Hedgefonds an die Fundamentalwerte annähern. In diesem Punkt überwiegt also die Steigerung der Preiseffizienz die Preisbeeinflussung.

Geht ein Investor eine Investition ein, hat er stets das Investmentrisiko zu tragen. Dem Investmentrisiko des Investors steht die von den Hedgefonds bewirkte Risikoallokation im Markt gegenüber. Die Risikoallokation wird erreicht, indem Hedgefonds mit ihren Anlagen Risiken übernehmen, die von anderen Marktteilnehmern nicht übernommen werden wollen. Hedgefonds bündeln also die Risiken in den Märkten zu sog. Klumpen. Die Investoren der Hedgefonds erwarten für das Eingehen der Risiken eine überdurchschnittliche Rendite. Diese Rendite kann ein Hedgefonds nur generieren, indem er sein Risiko unter den Anlegern verteilt. Das Investmentrisiko der Anleger hängt also mit der Risikoallokation zusammen. Ein Aspekt, der sich hier ergibt, ist, dass letztendlich niemand weiß, wo sich die Risiken hin verteilen oder verklumpen. Der Hedgefonds sammelt durch seine Investitionen lediglich erhöhtes Risikopotential ein und verteilt es unter den Investoren des Hedgefonds und unter den Haltern von Hedgefonds-Zertifikaten weiter.

Investmentberater raten ihren Kunden häufig, Anteile an Hedgefonds oder Hedgefonds-Zertifikaten zu erwerben, um ihr Portfolio zu diversifizieren. Dabei wissen weder Investmentberater noch Anleger, mit welchen Strategien der Hedgefonds arbeitet und in welchen Anlagesegmenten er investiert. Darüber hinaus kennen sie nicht das Anlagevolumen, die genutzten Leverageratio oder den Umfang der getätigten Leerverkäufe. Der oftmals angeratenen Portfoliodiversifikation, oder auch Anlagenstreuung, steht also eine asymmetrische Informationsstruktur zwischen Hedgefonds und Anleger gegenüber. Eine Streuung der Anlagen ist auf Seiten der Anleger nicht bestreitbar, allerdings erweist sich eine derartige Diversifikation unter zu Grunde legen der Unsicherheit der Informationen häufig als sehr spekulativ. Eine Stabilisierung und Risikostreuung des Portfolios ist so nur bedingt möglich.

In der vorstehenden Betrachtung wurden Kaskadeneffekte und Herdentrieb als große Risikopotentiale bei Hedgefonds ausgemacht. Diese Effekte ziehen sich durch alle Marktchancen und Risikopotentiale gleichermaßen.

Zusammenfassend ist festzuhalten, dass bei einer Betrachtung der Marktchancen und Risikopotentiale die Risikopotentiale tendenziell überwiegen, da sich alle genannten Marktchancen bei Veränderung der Marktverhältnisse schnell in Risikopotentiale verkehren können.

II. Deutschland

Nachdem die positiven und negativen Auswirkungen der Aktivitäten von Hedgefonds auf die internationalen Märkte betrachtet worden sind, soll nun eine Betrachtung der Hedgefondsbranche im deutschen Markt erfolgen. Anschließend soll aufgezeigt werden, welchen Einfluss Hedgefonds in Deutschland ausüben.

1. Hedgefondsmarkt in Deutschland

Jedes Jahr veröffentlicht die Bundesanstalt für Finanzdienstleistungsaufsicht eine Liste der genehmigten inländischen Sondervermögen mit zusätzlichen Risiken und Investmentaktiengesellschaften mit vergleichbaren Teilgesellschaftsvermögen gem. § 112 InvG.

Mit Stand vom 07.09.2010 gab es in Deutschland dreizehn genehmigte Sondervermögen mit zusätzlichen Risiken; darunter ein Sondervermögen als Spezial-Sondervermögen mit zusätzlichen Risiken[405]. Betrachtet man die zu den Singlehedgefonds gehörenden Finanzhäuser, fällt auf, dass die SEB vier, die Deutsche Bank Gruppe drei und das Bankhaus HSBC Trinkaus & Burkhardt AG ebenfalls vier Singlehedgefonds aufgelegt haben.

Daneben wurden weitere acht Investmentaktiengesellschaften mit insgesamt zwanzig Teilgesellschaftsvermögen zugelassen[406].

Zudem wurden insgesamt acht Dach-Sondervermögen mit zusätzlichen Risiken gemäß § 113 InvG genehmigt. Darunter ein Spezial-Dach-Sondervermögen mit zusätzlichen Risiken[407]. Bei der Analyse der hinter den Fonds stehenden Gesellschaften fällt auf, dass außer eines Deka-Fonds der Sparkassen-Finanzgruppe und zwei Fonds des privaten Bankhauses Sal. Oppenheim spezialisierte Investmentgesellschaften wie die Hanseatische Investment-GmbH Dachhedgefonds auflegen.

In Deutschland sind demnach 13 inländische Sondervermögen und Investmentaktiengesellschaften registriert, die sich den Anlagestrategien von Singlehedgefonds in Übereinstimmung mit den geltenden Gesetzen bedienen dürfen und nicht für den Publikumsverkehr, also Kleinanleger offenstehen. Darüber hinaus gibt es in Deutschland acht Dachhedgefonds, die in Singlehedgefonds investieren dürfen und dem Publikum offen stehen.

Um einen Eindruck über das in Deutschland verwaltete Hedgefondsvermögen zu gewinnen, sollen folgende Überlegungen dienen.

---

[405] BaFin: abrufbar unter:
http://www.bafin.de/cln_179/nn_722764/SharedDocs/Downloads/DE/Unternehmen
/Fonds/Hedgefonds/Sondervermoegen,templateId=raw,property=publicationFile.p
df/Sondervermoegen.pdf, zuletzt abgerufen am 20.09.2010.

[406] BaFin: abrufbar unter:
http://www.bafin.de/cln_179/nn_722764/SharedDocs/Downloads/DE/Unternehmen
/Fonds/Hedgefonds/Sondervermoegen,templateId=raw,property=publicationFile.p
df/Sondervermoegen.pdf, zuletzt abgerufen am 20.09.2010.

[407] BaFin: abrufbar unter:
http://www.bafin.de/cln_179/nn_722764/SharedDocs/Downloads/DE/Unternehmen
/Fonds/Hedgefonds/Sondervermoegen,templateId=raw,property=publicationFile.p
df/Sondervermoegen.pdf, zuletzt abgerufen am 20.09.2010.

In Europa werden lediglich 20% des weltweiten Hedgefondsvermögens verwaltet[408]. Ungefähr 90% davon entfallen allein auf London[409]. Es verbleiben also ca. 2% des weltweit verwalteten Hedgefondsvermögens auf dem europäischen Festland. Da davon auszugehen ist, dass Hedgefonds in steuergünstigen und regulierungsarmen Ländern wie Lichtenstein, Luxemburg und der Schweiz häufiger beheimatet sind, kann man davon ausgehen, dass weitere 5-7% des in Europa verwalteten Vermögens auf diese Länder entfallen. Es verbleibt ein von Hedgefonds zu verwaltendes Vermögen von unter 1% des weltweit verwalteten Vermögens. Man kann daher aufgrund der restriktiven Regegelungen wohl davon ausgehen, dass in Deutschland deutlich unter 1% des weltweiten Hedgefondsvermögens verwaltet wird.

Geht man davon aus, dass im Jahre 2009 1.700 Mrd. US-Dollar von Hedgefonds weltweit verwaltet wurden[410], entfällt auf Deutschland ein verwaltetes Vermögen von höchstens 15 Mrd. US-Dollar. Diese Summe steht einem Bruttoinlandsprodukt von 3.352 Mrd. US-Dollar im Jahre 2009 gegenüber[411].

2. Einflussmöglichkeiten

Aufgrund der geringen Anzahl der in Deutschland aufgelegten Hedgefonds, ist ein relativ geringer Einfluss deutscher Hedgefonds auf das globale Marktgeschehen ableitbar. Auch das in Deutschland verwaltete Vermögen der Hedgefonds hat weder einen Einfluss auf das Marktgeschehen in Deutschland noch international.

In Deutschland aufgelegte Hedgefonds sind regulierte Hedgefonds, die unter der Aufsicht der BaFin stehen und denen in Hinblick auf ihre Anlagestrategien nicht alles gestattet ist. So wurde mit dem Erlass des Gesetzes „zur Vorbeugung gegen missbräuchliche Wertpapier- und Derivategeschäfte" im Juli 2007 ein teilweises Leerverkaufsverbot im deutschen Recht etabliert. Darüber hinaus hat die BaFin weitreichende Befugnisse. Ihr ist es bspw. gestattet, die ge-

---

[408] Bundesverband deutscher Banken: abrufbar unter:
http://www.bankenverband.de/themen/finanzmaerkte-konjunktur/analysen-standpunkte/regulierung-von-hedge-fonds-2013-die-eu-richtlinie-zu-alternative-investment-fund-managers, zuletzt abgerufen am: 21.09.2010.

[409] Bundesverband deutscher Banken: abrufbar unter:
http://www.bankenverband.de/themen/finanzmaerkte-konjunktur/analysen-standpunkte/regulierung-von-hedge-fonds-2013-die-eu-richtlinie-zu-alternative-investment-fund-managers, zuletzt abgerufen am: 21.09.2010.

[410] *Kroder/Atzler*, Financial Times Deutschland vom 20.05.2010.

[411] IMF: BIP 2009 nach Ländern in der World Economic Outlook Database, April 2010, abrufbar unter: http://www.imf.org/external/pubs/ft/weo/2010/01/weodata/, zuletzt abgerufen am: 21.09.2010.

nutzten Leverageratio der in Deutschland aufgelegten Hedgefonds zu begrenzen.

In Deutschland gibt es zudem weitreichende Regulierungen, um den Anlegerschutz zu gewährleisten. So sind Publikumsfonds in Form von Dachhedgefonds mit erhöhten Veröffentlichungs- und Prospektierungspflichten ausgestattet worden. Dagegen wurde auf eine weitreichende Regulierung der Singlehedgefonds, in die grundsätzlich auch unerfahrene Privatanleger im Sinne eines ‚Private Placements' investieren können, verzichtet.

Die Marktmacht, die von der internationalen Hedgefondsbranche abgeleitet wird, gilt also für in Deutschland aufgelegte Hedgefonds nicht. Die Einflussmöglichkeiten deutscher Hedgefonds international und national sind demnach als gering zu bewerten.

III. Russland

Nach Betrachtung der Marktsituation und Einflussmöglichkeiten der Hedgefonds in Deutschland erfolgt nun die Betrachtung im Hinblick auf den russischen Markt.

1. Hedgefondsmarkt in Russland

Die Möglichkeit Hedgefonds unter russischem Recht auflegen zu können wurde erst im Jahre 2008 geschaffen. Im Zuge der damaligen Finanzkrise und dem Zusammenbruch der Hedgefondsbranche um 15%[412] 2008, zögerten viele Investoren neue Hedgefonds in Russland aufzulegen.

Der erste in der Russischen Föderation aufgelegte Hedgefonds wurde im Juli 2009 beim Föderalen Dienst für Finanzmärkte registriert[413]. ‚Alfa-Capital' war damit Russlands erster Hedgefonds. ‚Alfa-Capital' nahm seine Arbeit im September 2009 auf und erzielte in den ersten Monaten dreistellige Wachstumsraten[414]. Grund hierfür war vor allem, dass der Fonds nur institutionellen Anlegern offenstand und diese eine Mindestbeteiligung in Höhe von 50 Mio. Rubel einbringen mussten.

---

[412] *Kishan*, Hedge-Fund Liquidations Jumped to Record in 2008, abrufbar unter: http://www.bloomberg.com/apps/news?pid=newsarchive&sid=aQSrmGZtL_3w, zuletzt abgerufen am: 13.09.2010.

[413] *Gubeydullina/Trifonov*, abrufbar unter: http://www.ffms.ru/ru/press/interviews/index.php?id_3=6150&year_3=2010&month_3=4, zuletzt abgerufen am: 20.09.2010.

[414] *Gubeydullina/Trifonov*, abrufbar unter: http://www.ffms.ru/ru/press/interviews/index.php?id_3=6150&year_3=2010&month_3=4, zuletzt abgerufen am: 20.09.2010.

Zum aktuellen Stand folgten fünf weitere Registrierungen, so dass nunmehr insgesamt sechs Hedgefonds unter russischem Recht zugelassen sind[415].

Zwei der sechs in Russland ansässigen Hedgefonds werden von der Investmentgesellschaft ‚Gazfintrast' gehalten[416]. Die Gesellschaft gründete im Jahr 2006 einen geschlossen Investmentfonds nach russischem Recht. 2009 wurde der Fonds in einen Hedgefonds überführt[417]. Grund hierfür waren vor allem die flexibleren Anlagemöglichkeiten und die weniger strengen Bedingungen zur Vermögensstruktur von Hedgefonds.

Nach Angaben von ‚Hedge Fund Research' waren Anfang 2010 15,3 Mrd. US-Dollar in russische Hedgefonds investiert[418]. Wenn man bedenkt, dass der erste Hedgefonds in Russland erst im September des Jahres 2009 seine Arbeit aufgenommen hat und insgesamt bis heute nur sechs Hedgefonds in Russland aufgelegt sind, sind diese 15,3 Mrd. US-Dollar relativ viel. Zieht man nun vergleichend die Anlagevolumina in Deutschland von ca. 15 Mrd. US-Dollar hinzu und berücksichtigt, dass die Gesetzgebung in Deutschland bereits vier Jahre früher installiert worden ist als in Russland, verstärkt sich der Eindruck, dass die in Russland aufgelegten Fonds eine deutlich höhere potenzielle Marktkapitalisierung aufweisen als deutsche.

‚Renaissance Capital' geht davon aus, dass die Marktkapitalisierung der russischen Hedgefondsbranche zum 1. Januar 2011 auf $ 90,0 Mrd. US-Dollar ansteigt und damit sechsmal so hoch ist wie bei den deutschen Hedgefonds[419]. Ein Anstieg der Marktkapitalisierung der russischen Hedgefonds würde international bedeuten, dass russische Hedgefonds bei einem zugrunde gelegten weltweiten Anlagevolumen von 1.700 Mrd. US-Dollar einen Anteil von ca. 5 %

---

[415] *Gubeydullina/Trifonov*, abrufbar unter:
http://www.ffms.ru/ru/press/interviews/index.php?id_3=6150&year_3=2010&mont h_3=4, zuletzt abgerufen am: 20.09.2010.

[416] *Gubeydullina/Trifonov*, abrufbar unter:
http://www.ffms.ru/ru/press/interviews/index.php?id_3=6150&year_3=2010&mont h_3=4, zuletzt abgerufen am: 20.09.2010.

[417] *Gubeydullina/Trifonov*: abrufbar unter:
http://www.ffms.ru/ru/press/interviews/index.php?id_3=6150&year_3=2010&mont h_3=4, zuletzt abgerufen am: 20.09.2010.

[418] *Gubeydullina/Trifonov*, abrufbar unter:
http://www.ffms.ru/ru/press/interviews/index.php?id_3=6150&year_3=2010&mont h_3=4, zuletzt abgerufen am: 20.09.2010.

[419] *Gubeydullina/Trifonov*, abrufbar unter:
http://www.ffms.ru/ru/press/interviews/index.php?id_3=6150&year_3=2010&mont h_3=4, zuletzt abgerufen am: 20.09.2010.

am Gesamthedgefondsmarkt verwalten würden, was einem Anteil am russischen Bruttoinlandsprodukt von 2009 von rund 7,5% entsprechen würde[420].

2. Einflussmöglichkeiten

Wie in Deutschland sind auch in Russland Hedgefonds im Vergleich zu anderen Ländern stark reguliert. Der Föderale Dienst für Finanzmärkte hat über Generalklauseln weitreichende Befugnisse zugesprochen bekommen, um den russischen Finanzmarkt vor manipulierenden Einflüssen zu bewahren. Darüber hinaus ist er dem Präsidenten der Russischen Föderation direkt unterstellt und agiert als eine Art „Superbehörde"[421]. Auch dem Anlegerschutz wurde mit der Schaffung der Rechtslage für Hedgefonds Rechnung getragen. So können in Singlehedgefonds nur „qualifizierte" Anleger investieren; eine Gestaltungsform wie in Deutschland die Dachhedgefonds, ist im russischen Recht nicht vorgesehen.

Aufgrund der jungen Entwicklung des russischen Hedgefondsrechts ist die Risikoerfahrung in Russland im Umgang mit Hedgefonds relativ gering. Anders als in Deutschland, wo bereits im Hedgefondsrecht im Zuge der Modernisierung des Investmentrechts nachgebessert werden konnte, wird in Russland erst die Zeit und die Auflage mehrerer Hedgefonds ergeben, inwieweit die Regelungsdichte und Anwendbarkeit der erlassenen Normen ausreichen.

Der Einfluss der russischen Hedgefonds im Jahre 2009 mit einem zu verwaltenden Vermögen von ca. 15 Mrd. US-Dollar kann wie in Deutschland als gering und nicht ausschlaggebend für den russischen Finanzsektor und die internationalen Märkte angesehen werden.

Allerdings lassen die Prognosen von ‚Renaissance Capital' auf einen steigenden Einfluss der Hedgefondsbranche 2010 und 2011 schließen. Eine Versechsfachung des zu verwaltenden Kapitals würde den Einfluss der Hedgefondsbranche in Russland deutlich erhöhen. Bleibt die Frage, warum sich die russische Hedgefondsbranche trotz der strengen Marktregularien so stark entwickelt.

Ein Aspekt spielt dabei sicherlich die Erholung der Märkte nach dem Zusammenbruch im Zuge der Finanzkrise 2008/2009. So sehen Investoren neues Potential in den russischen Märkten, nachdem die Substanz im angloamerikanischen und westeuropäischen Markt beinahe verbraucht ist. Darüber hinaus lockt der russische Markt Investoren mit enormen Wachstumsraten. Als Bei-

---

[420] IMF: BIP 2009 nach Ländern in der World Economic Outlook Database, April 2010, abrufbar unter: http://www.imf.org/external/pubs/ft/weo/2010/01/weodata/, zuletzt abgerufen am: 21.09.2010.
[421] *Spitzweg*, S. 246.

spiel investieren auch immer mehr klassische Dachfonds in russische Märkte und erzielen bspw. mit BRIC-Fonds horrende Erträge[422]. Neben der Erholung der russischen Finanzmärkte ist auch das Investitionsklima in der Russischen Föderation gut. Die Mentalität der russischen Investoren könnte man in diesem Zusammenhang als risikofreudig bezeichnen. Zudem gibt es in Russland deutlich mehr solvente Privatinvestoren, als in Deutschland. Diese investieren mit Vorliebe in die eigenen Finanzmärkte und fördern so das Wirtschaftswachstum in der Russischen Föderation.

Ein weiterer Punkt ist, dass viele Investoren Russland als Tor zum Osten wahrnehmen. Russland hat sich mit der Zeit in allen Bereichen ein recht modernes Rechtssystem installiert, das ausreichend Schnittstellen zum angloamerikanischen und europäischen Raum bietet. Ausgehend von dieser einigermaßen sicheren Position versuchen Investoren nach Osteuropa und Asien vorzudringen. So ist es z. B. möglich, von Russland aus Aktien und Derivate der GUS-Staaten, Osteuropas und der Türkei zu erwerben[423].

Ein weiterer Erklärungsversuch stützt sich auf die Stellung des Föderalen Dienstes für Finanzmärkte im System der Russischen Föderation. Der Föderale Dienst für Finanzmärkte ist wie schon erwähnt dem Präsidenten direkt untergeordnet und agiert mit dem ihm übertragenen Rechtssetzungs- sowie Kontrollbefugnissen unabhängig jeder weiteren Institution der Russischen Föderation. Das heißt auch, dass der Föderale Dienst für Finanzmärkte weiteren Institutionen gegenüber keinerlei Rechenschaft schuldig ist. Anders als in Deutschland, wo die BaFin der Rechts- und Fachaufsicht des Bundesministeriums der Finanzen untersteht und im Übrigen eng mit der Deutschen Bundesbank zusammenarbeitet, agiert der Föderale Dienst für Finanzmärkte in Russland quasi allein und vollkommen unabhängig. Kontrollinstanzen sind außer in der Person des Präsidenten nicht vorgesehen. Eine derartige Konstruktion könnte anfällig für Korruption sein. Transparency International sieht die Russische Föderation in ihrem Korruptionsindex 2009 auf Platz 146 hinter Kenia und vor Sierra Leone[424]; allein das zeugt von dem in Russland wahrgenommenen Problem

---

[422] Das Investment: Schwellenländer: Warum BRIC-Fonds nach dem Absturz wieder auf der Kaufliste stehen, abrufbar unter:
http://www.dasinvestment.com/themenspecial/emerging-markets/news/datum/2010/03/03/schwellenlaender-warum-bric-fonds-nach-dem-absturz-wieder-auf-der-kaufliste-stehen-1/, zuletzt abgerufen am: 21.09.2010.

[423] *Gubeydullina/Trifonov*, abrufbar unter:
http://www.ffms.ru/ru/press/interviews/index.php?id_3=6150&year_3=2010&month_3=4, zuletzt abgerufen am: 20.09.2010.

[424] Transparency International: Korruptionswahrnehmungsindex 2009, abrufbar unter:
http://www.transparency.de/uploads/media/09-11-17-CPI_2009_Pressemappe.pdf, zuletzt abgerufen am 21.09.2010.

der Korruption. Darüber hinaus verfügen Hedgefonds über ausreichend Finanzmittel und intransparente Strukturen, so dass korrupte Machenschaften in der Hedgefondsbranche nicht auffallen würden.

Ob Korruptionen, der Glaube an russisches Investitionspotential, das Tor nach Osten oder andere Gründe für so ein massives Wachstum der russischen Hedgefondsbranche verantwortlich sind, kann im Zuge dieser Ausarbeitung nicht abschließend beantwortet werden. Allerdings bleibt abzuwarten, in welche Richtung sich das Wachstum der russischen Hedgefonds entwickelt.

Unabhängig der Entwicklung der Hedgefondsbranche in Russland stellt sich die Frage, ob ein Ansteigen des zu verwaltenden Vermögens von Hedgefonds überhaupt ein Einflusspotential auf den nationalen oder internationalen Kapitalmarkt darstellt. Grundsätzlich muss wohl davon ausgegangen werden, dass Finanzkraft Machtpotentiale einer Branche verstärkt. Eine wachsende Branche, die bereits 2010/2011 in der Lage ist bzw. sein wird, ein zu verwaltendes Vermögen in Höhe von 7,5% des russischen Bruttoinlandsproduktes zu halten, wird an Machtpotential gewinnen. Darüber hinaus ist die entstehende Lobby dieser Branche, die international vernetzt ist und im angloamerikanischen Raum bereits heute eine starke Position einnimmt im Hinblick auf ihr Einflusspotential nicht zu unterschätzen.

IV. Zusammenfassung

Derzeit ist das Einflusspotential deutscher und russischer Hedgefonds auf die nationalen Finanzmärkte relativ gering. Abzuwarten bleibt inwieweit sich die Prognosen der Entwicklung des russischen Hedgefondsmarktes entwickeln. Erfüllen sich die Erwartungen und das Anlagevolumen in russischen Hedgefonds versechsfacht sich 2010, kann davon ausgegangen werden, dass russische Hedgefonds eine Macht im russischen Kapital- und Wertpapiermarkt bilden und deutlich an internationalem Einfluss gewinnen werden.

Obwohl im russischen und deutschen Finanzmarkt das Einflusspotential derzeit relativ gering ist, kann ein recht großes Einflusspotential ausländischer Hedgefonds in Deutschland und Russland ausgemacht werden. Dieses Einflusspotential ergibt sich zum einen aus dem hohen Volumen an zu verwaltendem Vermögen und zum anderen aus der Intransparenz der Hedgefondsbranche im Gesamten.

Nicht verwunderlich ist, dass es keinerlei Zahlen über Investitionsvolumina der Hedgefonds in den verschiedenen Finanzmärkten gibt, da ein großer Teil der Hedgefondsbranche offshore oder in US-amerikanischen bzw. europäischen Steueroasen beheimatet ist und Veröffentlichungspflichten bzw. Regulationsmechanismen in diesen Länder häufig unterrepräsentiert sind. Es ist also nicht möglich zu 100 Prozent zu sagen, welchen Einfluss Hedgefonds auf die deutschen, russischen und internationalen Finanzmärkte ausüben können.

Dass der Einfluss von Hedgefonds groß sein muss, lässt sich vor allem aus den Geschehnissen im Frühjahr 2010 ableiten, als die gesamte Hedgefondsbranche im Zuge der griechischen Staatsverschuldung auf fallende Euro Kurse wettete und damit ohne ein Eingreifen der EU und des Internationalen Währungsfonds einen Staatsbankrott der Griechen und einen deutlichen Verfall der Gemeinschaftswährung provoziert hätte.

Die Frage die sich stellt ist, wie die Hedgefondsbranche die sich entwickelt hat um Risiken am Markt zu minimieren, so einen großen Einfluss auf das internationale Marktgeschehen bekommen konnte. Der Grund hierfür liegt wiederum vor allem in der Intransparenz der Branche. Hedgefonds bedienen sich hunderten von Strategien und diese von Regulierungsmaßnahmen zu erfassen scheint unmöglich. Darüber hinaus neigen Hedgefonds dazu, ihre Strategien flexibel an den unterschiedlichen Marktgeschehnissen auszurichten, was eine Dokumentation der Strategien zusätzlich erschwert und fast unmöglich macht.

Vor allem international agierende Hedgefonds haben eine deutliche Marktmacht und sind in der Lage Märke sowie ganze Volkswirtschaften zu beeinflussen. Zusammenfassend ist daher festzuhalten, dass Hedgefonds aufgrund dieser immensen Marktmacht einen Regulierungsbedarf auslösen, der über die Grenzen nationaler Bestrebungen hinausgeht.

E. aktuelle Regulierungsansätze von Hedgefonds auf internationaler und nationaler Ebene

Nachdem im vorrangegangenen Kapitel die Einflussmöglichkeiten von Hedgefonds auf die nationalen und internationalen Kapital- und Wertpapiermärkte betrachtet worden sind und eine steigende Marktmacht dieser Branche international und in Russland auch national auszumachen ist, sollen nun bestehende Regulierungsansätze und darüber hinaus reichende Regulierungsmöglichkeiten auf internationaler und nationaler Ebene dargestellt und in Hinblick auf die Eindämmung der Marktmacht hin untersucht werden.

I. International

Die internationalen Regulierungsansätze werden in unterschiedlichen Gremien schon seit dem Jahre 2007 ausführlich diskutiert. Zu den wichtigsten Reformvorhaben zählen die Entscheidungen und Vorhaben der G-7, G-8 und G-20 Gipfel sowie die Reglementierungsanstrengungen der EU.

Folgend sollen Regulierungsansätze betrachtet werden, die im Zuge der Diskussion über die Hedgefondsregulierung im Gespräch waren oder im Gespräch sind. Da die Diskussion um weitreichende internationale Regulierungsmechanismen der Hedgefondsbranche nicht vollständig dargestellt und diskutiert werden kann, soll sie sich auf die bedeutsamsten Vorhaben beschränken.

1. G-7, G-8, G-20

Bereits vor dem Ausbruch der Finanzkrise im Jahre 2008 beschäftigten sich Politiker mit möglichen Problemen der Hedgefonds. Die G-7 diskutierten erstmals über die Regulierung von Hedgefonds auf dem G-7 Gipfel in Essen im Jahre 2007[425]. Dabei einigten sich die G-7 Finanzminister in einer gemeinsamen Erklärung Hedgefonds zukünftig genauer kontrollieren zu wollen. Insbesondere wurde das Ziel vereinbart potenzielle Risiken der Hedgefondsbranche auszumachen, um so Finanzkrisen und Kaskadeneffekte durch den Zusammenbruch von Hedgefonds verhindern zu können[426]. In Zusammenhang dieser Gespräche war vor allem von der Entwicklung eines freiwilliger Verhaltenskodex und eine Art Gütesiegel für Fonds, die sich durch unabhängige Rating-Agenturen bewerten lassen, die Rede[427].

---

[425] BMF: Monatsbericht des BMF, Januar: Die deutsche G7/G8-Präsidentschaft – Geschichte, Perspektiven und Themen in 2007, S. 43 f.

[426] BMF: Monatsbericht des BMF, Januar: Die deutsche G7/G8-Präsidentschaft – Geschichte, Perspektiven und Themen in 2007, S. 43 f.

[427] BMF: Monatsbericht des BMF, Januar: Die deutsche G7/G8-Präsidentschaft – Geschichte, Perspektiven und Themen in 2007, S. 43 f.

Auf dem Nachfolgegipfel der G8 im Juni 2007 in Heiligendamm wurde auf die Vorschläge aus Essen nicht weiter eingegangen. Der Widerstand aus den USA und Großbritannien hinsichtlich einer stärkeren Kontrolle der Hedgefonds bzw. einer Selbstregulierung war zu groß, so dass die übrigen Regierungschefs lediglich die Hedgefondsbranche ermahnten Verhaltensregeln für Manager selbst zu verbessern und sich an der Etablierung von Selbstregulierungsmechanismen zu beteiligen[428].

Ein gutes Jahr später am 15. November 2008 beschlossen die Spitzenvertreter der G-20-Staaten eine stärkere Reglementierung von spekulativen Hedgefonds[429] und am 14. März 2009 verständigten sich die Finanzminister auf dem Vorbereitungstreffen zum Weltfinanzgipfel der G-20 in London auf die Einführung einer Registrierungspflicht für die 100 weltweit größten Hedgefonds[430]. Um diese Registrierungspflicht umzusetzen sollten die Investoren der US-Aufsicht ‚Security and Exchange Commission‘ und der britischen ‚Financial Services Authority‘ unterstellt werden, die Einblick in die Bilanzen der Fonds erhalten sollten[431].

Beim G-20 Gipfel im April 2010 in London beschlossen die wichtigsten Industrie- und Schwellenländer Steueroasen auf eine Art „schwarzen" Liste zu veröffentlichen[432]. Darüber hinaus einigte man sich darauf, Managergehälter zu begrenzen und unter die Kontrolle der nationalen Finanzaufsichtsbehörden zu stellen[433]. Zudem wurde sich abermals für eine strengere Finanzmarktaufsicht ausgesprochen. So wurden die Beschlüsse des Vorbereitungstreffens der G-20 bestärkt. Die größten 100 Hedgefonds sollten unter eine Registrierungspflicht im jeweiligen Sitzstaat fallen und den ansässigen Aufsichtsbehörden Informa-

---

[428] G-8: Heiligendamm Summit, Wachstum und Verantwortung in der Weltwirtschaft, abrufbar unter: http://www.g-8.de/Content/DE/Artikel/G8Gipfel/Anlage/ Abschlusserkl_C3_A4rungen/Chairs-summary,templateId=raw,property=publication File.pdf /Chairs-summary.pdf, zuletzt abgerufen am: 24.09.2010.
[429] *Gievert* in: bpb vom 13.06.2007,1,2.
[430] G-8: Heiligendamm Summit, Wachstum und Verantwortung in der Weltwirtschaft, abrufbar unter: http://www.g-8.de/Content/DE/Artikel/G8Gipfel/Anlage/ Abschlusserkl_C3_A4rungen/Chairs-summary,templateId=raw,property= publicationFile.pdf/Chairs-summary.pdf, zuletzt abgerufen am: 24.09.2010.
[431] *Gievert* in: bpb vom 13.06.2007,1,2.
[432] Spiegel online: vom 03.04.2009, abrufbar unter: http://www.spiegel.de/politik/ausland/0,1518,617188,00.html, zuletzt abgerufen am: 25.09.2010.
[433] BMF: vom 21.07.2009, abrufbar unter: http://www.bundesfinanzministerium.de/nn_53848/DE/Buergerinnen__und__Buer ger/Gesellschaft__und__Zukunft/finanzkrise/090715__int__vorgehen.html?__nnn= true, zuletzt abgerufen am: 25.09.2010.

tionen über ihre Geschäfte zukommen lassen müssen[434]. Auch Ratingagenturen sollten besser beaufsichtigt werden. Neben den verschärften Regulierungsmaßnahmen der Finanzmärkte wurde in London ausgehandelt, den Internationalen Währungsfonds zu einer supranationalen Aufsichtsinstanz für die Kapitalmärkte umzubauen[435]. Um dieses Vorhaben umzusetzen soll das Kreditvolumen des Währungsfonds deutlich erhöht werden[436].

Der Nachfolgegipfel von London fand im September 2009 in Pittsburgh statt. Im Rahmen dieses Gipfels wurden schärfere Eigenkapitalvorschriften für Banken diskutiert. Die neuen Regelungen sollen bis Ende 2010 unter dem Namen „Basel III" verabschiedet werden[437]. In Vorbereitung auf die Umstellung ab 2013 verpflichteten sich die USA bis Ende 2011 die bereits geltenden „Basel II" Vorschriften sukzessive umzusetzen[438].

Die neuen Regeln von „Basel III" sollen zunächst die aufsichtsrechtlichen Voraussetzungen für die Zurechnung von Kapitalinstrumenten zum Kernkapital verschärfen[439]. Darüber hinaus soll das Mindestkernkapital der Banken erhöht werden. Die Mindestkernkapitalquote von derzeit 4% soll bis 2015 schrittweise auf bis mindestens 8% angehoben werden. Zudem soll ab 2016 ein sog. Kapitalerhaltungspuffer eingeführt werden, um das Kernkapital zu ergänzen[440]. Bis

---

[434] Spiegel online: vom 03.04.2009, abrufbar unter:
http://www.spiegel.de/politik/ausland/0,1518,617188,00.html, zuletzt abgerufen am: 25.09.2010.

[435] BMF: vom 21.07.2009, abrufbar unter:
http://www.bundesfinanzministerium.de/nn_53848/DE/Buergerinnen__und__Buer ger/Gesellschaft__und__Zukunft/finanzkrise/090715__int__vorgehen.html?__nnn= true, zuletzt abgerufen am: 25.09.2010.

[436] Spiegel online: vom 03.04.2009, abrufbar unter:
http://www.spiegel.de/politik/ausland/0,1518,617188,00.html, zuletzt abgerufen am: 25.09.2010.

[437] Spiegel online: vom 02.04.2009, abrufbar unter:
http://www.spiegel.de/politik/ausland/0,1518,617092,00.html, zuletzt abgerufen am: 26.09.2010.

[438] Berliner Morgenpost: vom 25.09.2009 abrufbar unter:
http://www.morgenpost.de/wirtschaft/article1178699/G_20_Staaten_zuegeln_ Banken_und_Manager.html, zuletzt abgerufen am: 27.09.2010.

[439] Frankfurter Allgemeine Zeitung online: vom 20.September 2010, abrufbar unter:
http://www.faz.net/s/RubC9401175958F4DE28E143E68888825F6/Doc~E24F6D027 423B412A8BCEEE723FD540A4~ATpl~Ecommon~Scontent.html, zuletzt abgerufen am: 26.09.2010.

[440] BMF: vom 20.09.2010, abrufbar unter:
http://www.bundesfinanzministerium.de/nn_53848/DE/Wirtschaft__und__Verwalt ung/Geld__und__Kredit/Kapitalmarktpolitik/20100917-Basel3.html?__nnn=true, zuletzt abgerufen am: 26.09.2010.

2019 soll der Kapitalerhaltungspuffer 2,5% betragen[441]. Neben dem Kapitalerhaltungspuffer ist es einzelnen Ländern möglich, antizyklische Puffer von 0% bis 2,5% zu erheben[442]. Insgesamt sieht sich eine Bank mit Eigenmittelvorgaben in Höhe von mindestens 8% konfrontiert. Risiken in Höhe von 100 Euro müssen dementsprechend mit mindestens 8 Euro Eigenkapital hinterlegt werden. Unterschreitet eine Bank die Eigenkapitalvorschriften soll es zu bankenaufsichtsrechtlichen Konsequenzen kommen, die im schlimmsten Fall die Abwicklung des Kreditinstituts bedeuten könnten[443]. Die letztendliche Verabschiedung der „Basel III" Vorschriften ist für den G-20-Gipfel in Südkorea im November 2010 geplant[444].

In London wurde neben den Regelungen zu „Basel III" abermals das Thema der Bonuszahlungen an Manager diskutiert. Man einigte sich darauf eine Zusatzvergütung für Manager am nachhaltigen Erfolg des Unternehmens auszurichten[445]. Eine zuvor geforderte generelle Begrenzung der Zusatzgehälter konnte auf Widerstand von den USA, Kanada und Großbritannien nicht durchgesetzt werden[446]. Inwieweit die einzelnen Länder die Bonuszahlungen der Manager kontrollieren sollen, oder wie man den nachhaltigen Erfolg eines Unternehmens messen sollte, wurde nicht thematisiert[447].

---

[441] BMF: vom 20.09.2010, abrufbar unter:
http://www.bundesfinanzministerium.de/nn_53848/DE/Wirtschaft__und__Verwalt
ung/Geld__und__Kredit/Kapitalmarktpolitik/20100917-Basel3.html?__nnn=true,
zuletzt abgerufen am: 26.09.2010.

[442] Frankfurter Allgemeine Zeitung online: vom 20.September 2010, abrufbar unter:
http://www.faz.net/s/RubC9401175958F4DE28E143E68888825F6/Doc~E24F6D027
423B412A8BCEEE723FD540A4~ATpl~Ecommon~Scontent.html, zuletzt abgerufen
am: 26.09.2010.

[443] BMF: vom 29.06.2010, abrufbar unter:
http://www.bundesfinanzministerium.de/nn_54/DE/Wirtschaft__und__Verwaltung
/Internationale__Beziehungen/20100629-Toronto.html?__nnn=true, zuletzt abgerufen am: 26.09.2010.

[444] Frankfurter Allgemeine Zeitung online: vom 20.September 2010, abrufbar unter:
http://www.faz.net/s/RubC9401175958F4DE28E143E68888825F6/Doc~E24F6D027
423B412A8BCEEE723FD540A4~ATpl~Ecommon~Scontent.html, zuletzt abgerufen
am: 26.09.2010.

[445] Berliner Morgenpost: vom 25.09.2009 abrufbar unter:
http://www.morgenpost.de/wirtschaft/article1178699/G_20_Staaten_zuegeln_Ban
ken_und_Manager.html, zuletzt abgerufen am: 27.09.2010.

[446] Spiegel online: vom 02.04.2009, abrufbar unter:
http://www.spiegel.de/politik/ausland/0,1518,617092,00.html, zuletzt abgerufen
am: 26.09.2010.

[447] Berliner Morgenpost: vom 25.09.2009 abrufbar unter:
http://www.morgenpost.de/wirtschaft/article1178699/G_20_Staaten_zuegeln_Ban
ken_und_Manager.html, zuletzt abgerufen am: 27.09.2010.

Der letzte G-20 Gipfel fand im Juni diesen Jahres in Toronto statt. Themen waren u.a. die Haushaltsdefizite der Nationen und die Finanztransaktionssteuer, sowie die Bankenabgabe. Die teilnehmenden Nationen einigten sich darauf, dass die reichen Mitgliedsländer ihre Defizite bis 2013 halbieren sollten. Ab 2016 sollen sie dann mit dem Abbau der Staatsschulden beginnen[448]. Bei den Themenschwerpunkten Finanztransaktionssteuer und Bankenabgabe konnte keine Einigung erzielt werden[449]. Im Moment wird davon ausgegangen, dass es weder bei der Finanztransaktionssteuer noch bei der Bankenabgabe weitere Gespräche geben wird. Eine internationale Regelung wird es dementsprechend nicht geben. Inwieweit die diskutierten Bereiche nationalstaatlich geregelt werden, bleibt abzuwarten[450].

Mitte November 2010 soll der zweite G20-Gipfel des Jahres in Seoul stattfinden. Hauptpunkte dieses Treffens werden abermals der Umbau des Internationalen Währungsfonds als supranationale Finanzmarktaufsichtsbehörde und die Einführung der „Basel III" Regeln sein[451].

Da auf internationaler Ebene keine eindeutige Richtung von Reglementierungsvorschlägen zu erkennen ist, kann derzeit nicht abgeleitet werden, inwieweit sich Regelungen direkt oder indirekt auf Hedgefonds auswirken könnten.

2. EU

Auch in der Europäischen Gemeinschaft gibt es weitreichende Regulierungsbestrebungen, um die Arbeit der Hedgefonds transparenter zu gestalten und einen zu großen Einfluss auf die Kapitalmärkte zu verhindern.

---

[448] BMF: vom 29.06.2010, abrufbar unter:
http://www.bundesfinanzministerium.de/nn_54/DE/Wirtschaft__und__Verwaltung /Internationale__Beziehungen/20100629-Toronto.html?__nnn=true, zuletzt abgerufen am: 26.09.2010.

[449] G-20: Toronto Summit, Declaration, abrufbar unter:
http://www.g20.org/Documents/g20_declaration_en.pdf, zuletzt abgerufen am: 26.09.2010.

[450] BMF: vom 29.06.2010, abrufbar unter:
http://www.bundesfinanzministerium.de/nn_54/DE/Wirtschaft__und__Verwaltung /Internationale__Beziehungen/20100629-Toronto.html?__nnn=true, zuletzt abgerufen am: 26.09.2010.

[451] G-20: Seoul Summit, Agenda, abrufbar unter:
http://www.seoulsummit.kr/eng/goPage.g20?menu_seq=G20MENU00059&return _url=TOP01_SUB03, zuletzt abgerufen am: 27.09.2010.

a. Haushaltsdefizitbegrenzung

Ein Hauptpunkt für die Sicherung der Kapitalmärkte besteht in der Einhaltung der Haushaltsdefizitbegrenzung. Ziel dieser Begrenzung ist es Wetten der Hedgefonds gegen den EURO entgegen zu wirken und zu erschweren.

Die Grundlage zum Erlass von Defizitgrenzen findet sich in Art. 104 des EG-Vertrages. Danach ist die Kommission berechtigt, die Haushaltsdefizite der Mitgliedsstaaten anhand von Referenzwerten zum Bruttoinlandsprodukt zu kontrollieren.

Nach dem Vertrag von Maastricht im Jahre 1992 wurden im Stabilitäts- und Wachstumspakt zwei Referenzwerte vereinbart. So darf die Neuverschuldung nicht höher als 3 % des Bruttoinlandsproduktes sein und die Gesamtverschuldung darf nicht höher als 60% des Bruttoinlandsprodukts sein[452].

Im Zuge des Stabilitäts- und Wachstumspakts kontrolliert die Kommission jährlich den Konjunkturannahmen und die Konjunkturindikatoren seiner Mitgliedsstaaten. Um die Kontrolle zu gewährleisten sind die Mitgliedsstaaten verpflichtet die dafür notwendigen Informationen an die Kommission weiterzuleiten[453]. Der Rat der Europäischen Gemeinschaft untersucht die von den Staaten zur Verfügung gestellten Informationen und gibt eine Stellungnahme an die Kommission mit dem Ziel ab politische Maßnahmen zu empfehlen, wenn die Haushaltslage eines Mitgliedstaates nicht der Defizitgrenze der europäischen Gemeinschaft entspricht[454].

Ein Durchsetzen und stärkeres Kontrollieren der Haushaltsdefizitbegrenzung innerhalb der Europäischen Union hat keinen direkten Einfluss auf die Hedgefondsbranche. Indirekt könnte ein Einhalten der Defizitgrenzen allerdings auf Hedgefonds wirken. Stabile Staaten sind nicht so anfällig für den Einfluss von Hedgefonds. Werden dementsprechend Haushalte stabilisiert und Verschuldungen abgebaut, stabilisiert das auch die Märkte. Stabilisierte Märkte bieten Hedgefonds weniger Angriffsfläche. Ineffizienzen der Märkte gleichen sich schneller aus und Hedgefonds würden in ihrer Gesamtheit an Einfluss verlieren.

---

[452] Europa: abrufbar unter:
http://europa.eu/scadplus/glossary/convergence_criteria_de.htm, zuletzt abgerufen am: 30.09.2010.

[453] Europa: abrufbar unter:
http://europa.eu/scadplus/glossary/excessive_deficit_procedure_de.htm, zuletzt abgerufen am: 30.09.2010.

[454] Europa: abrufbar unter:
http://europa.eu/scadplus/glossary/excessive_deficit_procedure_de.htm, zuletzt abgerufen am: 30.09.2010.

b. Richtlinie über die Verwalter alternativer Investmentfonds

Am 30.04.2009 veröffentlichte die Kommission der Europäischen Gemeinschaft einen Vorschlag für eine Richtlinie des Europäischen Parlaments und des Rates über die Verwalter alternativer Investmentfonds und zur Änderung der Richtlinien 2004/39/EG und 2009/.../EG[455].

Der Richtlinienentwurf zielt darauf ab alle Kapitalmarktakteure, die mit erheblichen Risiken arbeiten, einer angemessenen Regulierung und Aufsicht zu unterwerfen[456]. In diesem Zusammenhang soll die Richtlinie harmonisierte Anforderungen für die Verwaltung und Administration alternativer Investmentfonds festlegen. Dabei umfassen Alternative Investmentfonds alle Fonds, die nicht unter die OGAW-Richtlinie fallen; insbesondere also die Fonds, die häufig abwechselnden Anlagestrategien verwenden und in verschiedene Anlagemärkte investieren[457].

Konkret sieht der Richtlinienentwurf verschiedene Regulationsmechanismen vor, um die europäischen Kapitalmärkte vor dem Einfluss alternativer Investmentfonds, zu denen auch Hedgefonds gehören, zu schützen. So soll zunächst eine Zulassungspflicht für die Verwalter aller Nicht-OGAW-Fonds eingeführt werden[458]. Diese Zulassungspflicht soll alle alternativen Investmentfonds und im Besonderem Hedgefonds und Private-Equity-Fonds betreffen[459]. Allerdings bleibt in diesem Zusammenhang unklar an welche Definitionen die alternativen Investmentfonds und damit mögliche Zulassungspflichten gekoppelt werden und wie diese auszumachen sind.

Von einer Zulassungspflicht und damit einhergehenden stärkeren Kontrollen befreit bleiben, sollen hingegen kleine Verwalter mit einem zu verwaltendem Vermögen bis 100 Mio. EUR und alternative geschlossene Investmentfonds, die nicht hebelfinanziert sind und ein zu verwaltendes Vermögen von höchstens 500 Mio. EUR aufweisen.[460]

---

[455] Europäische Kommission: RL über die Verwalter alternativer Investmentfonds und zur Änderung der Richtlinien 2004/39/EG und 2009/.../EG, KOM(2009) 207, S. 1.

[456] Europäische Kommission: RL über die Verwalter alternativer Investmentfonds und zur Änderung der Richtlinien 2004/39/EG und 2009/.../EG, KOM(2009) 207, S. 2.

[457] Europäische Kommission: RL über die Verwalter alternativer Investmentfonds und zur Änderung der Richtlinien 2004/39/EG und 2009/.../EG, KOM(2009) 207, S. 2.

[458] Europäische Kommission: RL über die Verwalter alternativer Investmentfonds und zur Änderung der Richtlinien 2004/39/EG und 2009/.../EG, KOM(2009) 207, S. 6.

[459] Europäische Kommission: RL über die Verwalter alternativer Investmentfonds und zur Änderung der Richtlinien 2004/39/EG und 2009/.../EG, KOM(2009) 207, S. 6.

[460] Europäische Kommission: RL über die Verwalter alternativer Investmentfonds und zur Änderung der Richtlinien 2004/39/EG und 2009/.../EG, KOM(2009) 207, S. 7.

Darüber hinaus sieht die Richtlinie vor, dass alternative Investmentfonds nur von professionellen Anlegern gekauft werden dürfen[461]. Ein ‚Private Placement' für wohlhabende Privatpersonen wäre dementsprechend nicht mehr möglich oder an weitere nationale Voraussetzungen geknüpft.

Den Verwaltungsgesellschaften alternativer Investments soll es gestattet sein, alternative Investmentfonds mit Sitz in Drittländern zu verwalten und zu vertreiben[462]. Allerdings werden durch den Richtlinienentwurf neue Voraussetzungen festgelegt. So müssen die zusätzlich entstehenden Risiken von der Fondsverwaltung abgedeckt werden. Darüber hinaus stellt die Richtlinie sicher, dass nationale Steuerbehörden von den betreffenden Drittländern alle Informationen verlangen können, die sie zur Besteuerung inländischer professioneller Anleger benötigen[463].

Ein weiterer Vorschlag der Richtlinie besagt, dass alternative Investmentfonds zukünftig nur noch von Verwaltungsgesellschaften mit Sitz und Zulassung in der EU betrieben werden dürfen[464]. Dabei ist es wichtig, dass die Hauptaufgaben des Investmentgeschäfts bei den inländischen Verwaltungsgesellschaften bleiben. Rein administrative Aufgaben sollen nach wie vor ausgelagert werden können.

Das Gesetz zur Reglementierung von Managern alternativer Investmentfonds befindet sich derzeit in Diskussion der Europäischen Kommission, der Mitgliedsstaaten, sowie des Europäischen Parlaments. Ob der Richtlinienentwurf umgesetzt wird, bleibt aufgrund des deutlichen Wiederstands Großbritanniens abzuwarten[465].

Ein Gesetz zur Reglementierung von Managern alternativer Investmentfonds würde sich direkt auf Hedgefonds als alternative Investments auswirken. Allerdings hat der Gesetzesvorschlag eher einen administrativen Charakter. Eine Registrierungspflicht würde die Transparenz der Branche erhöhen. Darüber hinaus würden Wohlverhaltensregeln Interessenskonflikten entgegenwirken.

---

[461] Europäische Kommission: RL über die Verwalter alternativer Investmentfonds und zur Änderung der Richtlinien 2004/39/EG und 2009/.../EG, KOM(2009) 207, S. 7.

[462] Europäische Kommission: RL über die Verwalter alternativer Investmentfonds und zur Änderung der Richtlinien 2004/39/EG und 2009/.../EG, KOM(2009) 207, S. 8.

[463] Europäische Kommission: RL über die Verwalter alternativer Investmentfonds und zur Änderung der Richtlinien 2004/39/EG und 2009/.../EG, KOM(2009) 207, S. 8.

[464] Europäische Kommission: RL über die Verwalter alternativer Investmentfonds und zur Änderung der Richtlinien 2004/39/EG und 2009/.../EG, KOM(2009) 207, S. 8.

[465] *Mai*, FTD vom 14.09.2010, Der lange Marsch zur EU-Finanzmarktregulierung.

c. System einer Europäischen Finanzaufsicht

Am 27.05.2009 legte die Kommission der Europäischen Gemeinschaft eine Mitteilung zur Europäischen Finanzaufsicht vor[466].

Auf europäischer Ebene existieren im Bereich Finanzdienstleistungen zurzeit drei Ausschüsse, die für die Beaufsichtigung einzelner Finanzinstitute verantwortlich sind. Im einzelnen gibt es den Ausschuss der Europäischen Bankaufsichtsbehörden, den Ausschuss der Europäischen Aufsichtsbehörden für das Versicherungswesen und die betriebliche Altersversorgung und den Ausschuss der Europäischen Wertpapierregulierungsbehörden[467]. Allerdings haben die Ausschüsse nur beratende Kompetenzen und eine Institution, die neben einzelnen Finanzinstituten auch systemische Risiken überwacht, gibt es nicht[468].

Die Europäische Kommission plant nunmehr ein zweistufiges Finanzmarktaufsichtssystem in der Europäischen Gemeinschaft zu etablieren. Auf einer ersten Stufe soll ein Europäischer Rat für Systemrisiken, kurz ESRC, eingerichtet werden. Dieser soll die Aufgabe übernehmen, systemische Risiken der Finanzbranche in der Europäischen Gemeinschaft insgesamt zu überwachen und zu bewerten[469]. Auf einer zweiten Stufe möchte die Europäische Kommission ein Europäisches Finanzaufsichtssystem, kurz ESFS, schaffen, dass für die Kontrolle einzelner Finanzinstitute und deren systematischer Risiken verantwortlich sein soll[470].

Das Finanzaufsichtssystem soll sich aus einem Netzverbund zusammensetzen, dass aus nationalen Finanzaufsichtsbehörden und einer neuen Europäischen Finanzaufsichtsbehörde besteht[471].

---

[466] Europäische Kommission: Europäische Finanzaufsicht, KOM(2009) 252, S. 1.
[467] Pressemitteilung Europa: IP/09/836, 27.05.2009, Finanzdienstleistungen: Kommission schlägt Stärkung der Finanzaufsicht in Europa vor, abrufbar unter: http://europa.eu/rapid/pressReleasesAction.do?reference=IP/09/836&format=HTML&aged=0&language=DE&guiLanguage=de, zuletzt abgerufen am: 25.09.2010.
[468] Pressemitteilung Europa: IP/09/836, 27.05.2009, Finanzdienstleistungen: Kommission schlägt Stärkung der Finanzaufsicht in Europa vor, abrufbar unter: http://europa.eu/rapid/pressReleasesAction.do?reference=IP/09/836&format=HTML&aged=0&language=DE&guiLanguage=de, zuletzt abgerufen am: 25.09.2010.
[469] Pressemitteilung Europa: IP/09/836, 27.05.2009, Finanzdienstleistungen: Kommission schlägt Stärkung der Finanzaufsicht in Europa vor, abrufbar unter: http://europa.eu/rapid/pressReleasesAction.do?reference=IP/09/836&format=HTML&aged=0&language=DE&guiLanguage=de, zuletzt abgerufen am: 25.09.2010.
[470] Pressemitteilung Europa: IP/09/836, 27.05.2009, Finanzdienstleistungen: Kommission schlägt Stärkung der Finanzaufsicht in Europa vor, abrufbar unter: http://europa.eu/rapid/pressReleasesAction.do?reference=IP/09/836&format=HTML&aged=0&language=DE&guiLanguage=de, zuletzt abgerufen am: 25.09.2010.
[471] Pressemitteilung Europa: IP/09/836, 27.05.2009, Finanzdienstleistungen: Kommission schlägt Stärkung der Finanzaufsicht in Europa vor, abrufbar unter:

Die Verhandlungen zur Schaffung einer Europäischen Finanzmarktaufsicht befinden sich derzeit im Prozess. Zur Diskussion stehen verschiedene Verordnungs- und Sammelrichtlinienentwürfe; so z. B. der Vorschlag für eine Verordnung des Europäischen Parlaments und des Rates über die gemeinschaftliche Finanzaufsicht auf Makroebene und zur Einsetzung eines Europäischen Ausschusses für Systemrisiken[472], oder der Vorschlag zur Änderung der Richtlinien 1998/26/EG, 2002/87/EG, 2003/6/EG, 2003/41/EG, 2003/71/EG, 2004/39/EG, 2004/109/EG, 2005/60/EG, 2006/48/EG, 2006/49/EG und 2009/65/EG im Hinblick auf die Befugnisse der Europäischen Bankaufsichtsbehörde, der Europäischen Aufsichtsbehörde für das Versicherungswesen und die betriebliche Altersversorgung und der Europäischen Wertpapieraufsichtsbehörde[473]. Wann die Diskussion über die Schaffung einer europäischen Finanzmarktaufsicht abgeschlossen sein werden, kann derzeit nicht festgestellt werden[474].

Ob Hedgefonds in den zukünftigen Regelungsbereich einer europäischen Finanzaufsicht fallen werden, wird derzeit noch diskutiert. Grundsätzlich würde sich eine europäische Finanzaufsicht Transparenz steigernd auswirken. Systemische Risiken, die von Hedgefonds ausgehen und sich über die Finanzmärkte verteilen, könnten frühzeitig erkannt und bewertet werden.

d. EU-Aufsicht über Ratingagenturen

Am 02.06.2010 legte die Europäische Kommission einen Vorschlag zur Änderung der Verordnung (EG) Nr. 1060/2009 über Ratingagenturen vor[475]. Hauptbestandteil der Verordnung ist die Etablierung eines externen Überwachungs-

---

http://europa.eu/rapid/pressReleasesAction.do?reference=IP/09/836&format=HTM L&aged=0&language=DE&guiLanguage=de, zuletzt abgerufen am: 25.09.2010.

[472] Europäische Kommission: VO über die gemeinschaftliche Finanzaufsicht auf Makroebene und zur Einsetzung einesEuropäischen Ausschusses für Systemrisiken, KOM(2009) 252, S. 1

[473] Europäische Kommission: RL zur Änderung der RL 1998/26/EG, 2002/87/EG, 2003/6/EG, 2003/41/EG,2003/71/EG, 2004/39/EG, 2004/109/EG, 2005/60/EG, 2006/48/EG, 2006/49/EG und2009/65/EG im Hinblick auf die Befugnisse der Europäischen Bankaufsichtsbehörde, der Europäischen Aufsichtsbehörde für das Versicherungswesen und die betriebliche Altersversorgung und der Europäischen Wertpapieraufsichtsbehörde,KOM(2009) 576, S. 1.

[474] Pressemitteilung Europa: IP/09/836, 27.05.2009, Finanzdienstleistungen: Kommission schlägt Stärkung der Finanzaufsicht in Europa vor, abrufbar unter: http://europa.eu/rapid/pressReleasesAction.do?reference=IP/09/836&format=HTM L&aged=0&language=DE&guiLanguage=de, zuletzt abgerufen am: 25.09.2010.

[475] Europäische Kommission: Begleitdokument VO zur Änderung der Verordnung (EG) Nr. 1060/2009 über Ratingagenturen, SEK(2010) 679, S. 1.

systems, mit dessen Hilfe die europäischen Regulierungsbehörden Ratings durch Ratingagenturen überwachen können[476].

Ratingagenturen sind ein bedeutsamer Bestandteil unserer Finanzmärkte. Sie beurteilen die Bonität von Unternehmen, Staaten und komplexen Finanzprodukten[477]. In dieser Position stehen sie oftmals zwischen den rechtlichen Vorgaben der Gesetzgebungen und ihren privatrechtlichen Auftrag- und Geldgebern[478]. Um dem internen Interessenskonflikt der Ratingagenturen entgegenzuwirken beabsichtigt die Europäische Kommission ein einheitliches Regelwerk für die Arbeit und Überwachung der Ratingagenturen zu schaffen[479].

Die Europäische Kommission hat sich in Bezug auf Ratingagenturen zwei grundsätzlichen Zielen verschrieben. Zum einen möchte sie eine Vereinheitlichung des Systems der Ratingagenturen auf europäischer Ebene schaffen. Daneben ist es ihr Ziel, die Branche der Ratingagenturen insgesamt transparenter zu gestalten[480].

Ein Punkt der neuen Regelungen betrifft eine unionsweite Registrierungspflicht der Ratingagenturen. Um die Registrierungspflicht wirksam umsetzten zu können, plant die Europäische Kommission eine neue europäische Aufsichtsbehörde zu schaffen. Die Europäische Wertpapieraufsichtsbehörde, kurz ESMA, soll mit weitreichenden Befugnissen zur Beaufsichtigung der in der EU registrierten Ratingagenturen ausgestattet werden[481]. So soll es ihr möglich sein Informationen anzufordern, Ermittlungen einzuleiten und Untersuchungen an Ort und Stelle vorzunehmen. Darüber hinaus soll ein Instrument der

---

[476] Europäische Kommission: Begleitdokument VO zur Änderung der Verordnung (EG) Nr. 1060/2009 über Ratingagenturen, SEK(2010) 679, S. 2.

[477] Pressemitteilung Europa: IP/10/656, 03.06.2010, Kommission schlägt verbesserte EU-Aufsicht der Ratingagenturen vor und stößt Diskussion über Corporate Governance in Finanzinstituten an, abrufbar unter: http://europa.eu/rapid/pressReleasesAction.do?reference=IP/10/656&format=HTML&aged=0&language=DE&guiLanguage=de, zuletzt abgerufen am: 25.09.2010.

[478] Europäische Kommission: Begleitdokument zur VO zur Änderung der Verordnung (EG) Nr. 1060/2009 über Ratingagenturen, SEK(2010) 679, S. 2.

[479] Pressemitteilung Europa: IP/10/656, 03.06.2010, Kommission schlägt verbesserte EU-Aufsicht der Ratingagenturen vor und stößt Diskussion über Corporate Governance in Finanzinstituten an, abrufbar unter: http://europa.eu/rapid/pressReleasesAction.do?reference=IP/10/656&format=HTML&aged=0&language=DE&guiLanguage=de, zuletzt abgerufen am: 25.09.2010.

[480] Pressemitteilung Europa: IP/10/656, 03.06.2010, Kommission schlägt verbesserte EU-Aufsicht der Ratingagenturen vor und stößt Diskussion über Corporate Governance in Finanzinstituten an, abrufbar unter: http://europa.eu/rapid/pressReleasesAction.do?reference=IP/10/656&format=HTML&aged=0&language=DE&guiLanguage=de, zuletzt abgerufen am: 25.09.2010.

[481] Europäische Kommission: VO zur Änderung der Verordnung (EG) Nr. 1060/2009 über Ratingagenturen, KOM(2010) 289, S. 5.

unangeforderten Ratings geschaffen werden[482]. Emittenten strukturierter Finanzinstrumente sollen in diesem Zusammenhang dazu verpflichtet werden, anderen interessierten Ratingagenturen Zugang zu den an die eigene Ratingagentur übermittelten Informationen zu gewähren[483].

Neben der unionsweiten Registrierungspflicht sollen auch die Interessenkonflikte der Ratingagenturen abgemildert werden. Der Vorschlag der Europäischen Kommission sieht so beispielsweise vor, dass Ratingagenturen keinerlei Beratungsdienste an ihre Klienten anbieten dürfen[484]. Des Weiteren sollen sie dazu verpflichtet werden, die ihren Ratings zugrunde liegenden Arbeitsweisen, internen Modelle und zentralen Bewertungsannahmen offenzulegen[485].

Derzeit verhandeln EU-Ministerrat und das Europäische Parlament den Vorschlag der Europäischen Kommission zur Änderung der Verordnung (EG) Nr. 1060/2009 über Ratingagenturen. Können sich die befassten Organe auf die Annahme des Vorschlags verständigen, könnten die neuen Regelungen im Laufe des Jahres 2011 in Kraft treten[486].

Eine europaweite Aufsicht über die Ratingagenturen hätte indirekten Einfluss auf die Hedgefondsbranche. Ineffizienzen der Märkte würden frühzeitig besser bewertet bzw. abgewertet werden können. Spekulationen der Hedgefonds könnte so entgegengewirkt werden. Ein Durchbrechen der bestehenden Interessenskonflikte der Ratingagenturen würde zudem die Transparenz und Stabilität der Finanzmärkte erhöhen.

e. Verordnung über Leerverkäufe und Credit Default Swaps

Am 15.09.2010 wurde von der Europäischen Kommission eine Verordnung „über Leerverkäufe und bestimmte Aspekte von Credit Default Swaps (CDS)" angenommen[487]. Ziel dieser Verordnung ist es vor allem bei den undurchsich-

---

[482] Europäische Kommission: Begleitdokument VO zur Änderung der Verordnung (EG) Nr. 1060/2009 über Ratingagenturen, SEK(2010) 679, S. 5.

[483] Europäische Kommission: VO zur Änderung der Verordnung (EG) Nr. 1060/2009 über Ratingagenturen, KOM(2010) 289, S. 5.

[484] Europäische Kommission: VO zur Änderung der Verordnung (EG) Nr. 1060/2009 über Ratingagenturen, KOM(2010) 289, S. 6.

[485] Europäische Kommission: VO zur Änderung der Verordnung (EG) Nr. 1060/2009 über Ratingagenturen, KOM(2010) 289, S. 6.

[486] Pressemitteilung Europa: IP/10/656, 03.06.2010, Kommission schlägt verbesserte EU-Aufsicht der Ratingagenturen vor und stößt Diskussion über Corporate Governance in Finanzinstituten an, abrufbar unter:
http://europa.eu/rapid/pressReleasesAction.do?reference=IP/10/656&format=HTML&aged=0&language=DE&guiLanguage=de, zuletzt abgerufen am: 25.09.2010.

[487] Europäische Kommission: VO über Leerverkäufe und bestimmte Aspekte von Credit Default Swaps, KOM(2010) 482, S. 1.

tigen alternativen Investments mehr Transparenz zu schaffen. Die Transparenzschaffung soll dabei vor allem durch eine Kennzeichnungspflicht[488] für Leerverkäufe aller Aktien, die an den Märkten der Europäischen Gemeinschaft gehandelt werden, erreicht werden[489]. Darüber hinaus sollen Investoren künftig bedeutsame Netto-Short-Positionen in Aktien aufdecken. Die Kennzeichnungspflicht soll in diesem Zusammenhang an bestimmte Schwellenwerte geknüpft sein. Bei Netto-Short-Positionen von mindestens 0,2% des aufgelegten Aktienkapitals soll bspw. eine Mitteilung an die zuständigen nationalen Regulierungsbehörden erfolgen. Bei einem Schwellenwert von 0,5% erfolgt zusätzlich eine Offenlegung auf dem europäischen Markt[490].

Da die verschiedenen Regulierungsbehörden der Mitgliedsstaaten der Europäischen Gemeinschaft ganz unterschiedliche Befugnisse im Hinblick auf die Begrenzung bzw. Untersagung von Leerverkäufen haben, sieht die Verordnung vor einen einheitlichen Rechtsrahmen zu schaffen[491]. So sollen die nationalen Regulierungsbehörden mit eindeutigen Befugnissen ausgestattet werden, um eine befristete oder gänzliche Untersagung von Leerverkäufen in Ausnahmesituationen zu ermöglichen. Die Koordinierung auf europäischer Ebene soll dabei von der ‚European Securities and Markets Authority', der europäischen Wertpapieraufsichtsbehörde, übernommen werden[492].

Auch wann die Regulierungsbehörden in der Lage sein werden beschränkende Maßnahmen zu erlassen, ist in dem Verordnungsvorschlag ausdrücklich geklärt. Muss ein Finanzinstrument innerhalb eines Tages deutliche Kursverluste in Kauf nehmen, sollen die nationalen Regulierungsbehörden dazu befugt sein, Leerverkäufe in diesem Zusammenhang bis zum Ende des folgenden Handelstages zu beschränken[493].

Des Weiteren sieht die Verordnung vor nur noch gedeckte Leerverkäufe zu gestatten, die aufgrund einer Leihvereinbarung getroffen wurden, oder bei

---

[488] Europäische Kommission: VO über Leerverkäufe und bestimmte Aspekte von Credit Default Swaps, KOM(2010) 482, S. 15.

[489] Pressemitteilung Europa: IP/10/1126, Neuer Rahmen zur Gewährleistung von mehr Transparenz und Koordinierung bei Leerverkäufen und Credit Default Swaps, vom 15.09.2010, abrufbar unter: http://europa.eu/rapid/pressReleasesAction.do?reference=IP/10/1126&format=HTML&aged=0&language=DE&guiLanguage=de, zuletzt abgerufen am: 25.09.2010.

[490] Europäische Kommission: VO über Leerverkäufe und bestimmte Aspekte von Credit Default Swaps, KOM(2010) 482, S. 7.

[491] Europäische Kommission: VO über Leerverkäufe und bestimmte Aspekte von Credit Default Swaps, KOM(2010) 482, S. 5.

[492] Europäische Kommission: VO über Leerverkäufe und bestimmte Aspekte von Credit Default Swaps, KOM(2010) 482, S. 6.

[493] Europäische Kommission: VO über Leerverkäufe und bestimmte Aspekte von Credit Default Swaps, KOM(2010) 482, S. 11.

denen ein Dritter die Zusage erhalten hat, bestimmte Finanzmarktinstrumente zu sichten und zu reservieren[494]. Auf diese Weise kann gewährleistet werden, dass bis zum Fälligkeitsdatum des Geschäfts geliefert werden kann. Die Überwachung der Leerverkaufstransaktionen soll an den Handelsplätzen stattfinden. Diese haben dafür Sorge zu tragen, dass bei Scheitern einer Transaktion geeignete Vorkehrungen für Eindeckungsverfahren mit Aktien oder öffentlichen Schuldtiteln getroffen werden und wenn nötig Geldstrafen erhoben und weitere Leerverkäufe verboten werden können[495].

Der Vorschlag „über die Verordnung über Leerverkäufe und Credit Default Swaps" wird derzeit im Europäischen Parlament und dem Rat verhandelt und zur Verabschiedung vorbereitet. Bei planmäßiger Verabschiedung und Konsens im europäischen Parlament könnte die Verordnung ab dem 1. Juli 2012 in Kraft treten[496].

Eine Verordnung „über Leerverkäufe und Credit Default Swaps" würde sich wiederum direkt auf die Hedgefondsbranche auswirken. So würden Hedgefonds in ihren Anlagestrategien und -möglichkeiten begrenzt werden. Die Stabilität der Finanzmärkte könnte dadurch erhöht werden.

f.   Bankenabgabe und Finanztransaktionssteuer

Neben den zuvor dargestellten Regulierungsansätzen werden EU weit Diskussionen zur Möglichkeit der Einführung einer Bankenabgabe bzw. einer Finanztransaktionssteuer geführt.

Die Diskussionen über eine Bankenabgabe treten im europäischen Kontext vor allem im Zusammenhang mit der Schaffung eines europäischen Bankenrettungsfonds auf. Am 26.05.2010 veröffentlichte die Europäische Kommission eine Mitteilung zum Thema Bankenrettungsfonds[497]. In dieser Mitteilung führt die Kommission aus, dass sie die Auflegung eines Bankenrettungsfonds unter-

---

[494]   Pressemitteilung Europa: IP/10/1126, Neuer Rahmen zur Gewährleistung von mehr Transparenz und Koordinierung bei Leerverkäufen und Credit Default Swaps, vom 15.09.2010, abrufbar unter:
http://europa.eu/rapid/pressReleasesAction.do?reference=IP/10/1126&format=HTML&aged=0&language=DE&guiLanguage=de, zuletzt abgerufen am: 25.09.2010.

[495]   Europäische Kommission: VO über Leerverkäufe und bestimmte Aspekte von Credit Default Swaps, KOM(2010) 482, S. 16.

[496]   Pressemitteilung Europa: IP/10/1126, Neuer Rahmen zur Gewährleistung von mehr Transparenz und Koordinierung bei Leerverkäufen und Credit Default Swaps, vom 15.09.2010, abrufbar unter:
http://europa.eu/rapid/pressReleasesAction.do?reference=IP/10/1126&format=HTML&aged=0&language=DE&guiLanguage=de, zuletzt abgerufen am: 25.09.2010.

[497]   Europäische Kommission: Mitteilung über Bankenrettungsfonds, KOM(2010) 254, S. 1.

stützt[498]. Aufgabe eines Bankenrettungsfonds solle die Abwicklung und Unterstützung notleidender Banken sein. Durch die Schaffung eines einheitlichen Systems sollten so Ansteckungen im Bankensektor vermieden werden[499]. Die Europäische Kommission schlägt weiter vor den Bankenrettungsfonds durch eine Bankenabgabe zu finanzieren[500].

Die Europäische Gemeinschaft konnte sich bis jetzt lediglich darauf verständigen, dass eine Bankenabgabe im Zusammenhang mit der Etablierung eines europäischen Bankenrettungsfons denkbar ist und, dass eine solche Abgabe nicht in den EU-Haushalt fließen solle[501].

Da auf europäischer Ebene bislang keine Entscheidung bezüglich der Einführung einer Bankenabgabe getroffen werden konnte, entschließen sich immer mehr Mitgliedstaaten diese Problematik nationalstaatlich zu regeln. So führte Schweden eine Bankenabgabe bereits im Jahre 2008 ein und auch Deutschland, Österreich und Frankreich haben Gesetzesvorlagen auf den Weg gebracht[502]. Ob und wenn ja wann dagegen eine Bankenabgabe europaweit eingeführt werden könnte, ist derzeit nicht ersichtlich.

Neben der Bankenabgabe stand vor allem die Einführung einer europaweiten Finanztransaktionssteuer zur Debatte. Am 07.09.2010 lehnten bei einem Treffen der EU-Finanzminister vor allem Großbritannien und Schweden die Einführung einer solchen Steuer ab[503]. Probleme bereite insbesondere der Umstand, dass mehr als 70% der Einnahmen in Großbritannien anfallen würden, was zu Verteilungsfragen führen würde[504]. Des Weiteren könnte das Erheben einer

---

[498] Europäische Kommission: Mitteilung über Bankenrettungsfonds, KOM(2010) 254, S. 2.
[499] Europäische Kommission: Mitteilung über Bankenrettungsfonds, KOM(2010) 254, S. 2.
[500] Europäische Kommission: Mitteilung über Bankenrettungsfonds, KOM(2010) 254, S. 2.
[501] *Hansmann*, Steuern: Alleingänge sind unerwünscht, Wirtschafts Blatt vom 22.09.2010.
[502] Der Standard at: „Banken müssen für Rettung selbst bezahlen", 27.09.2010, abrufbar unter: http://derstandard.at/1285199400590/Barnier-Banken-muessen-fuer-Rettung-selbst-bezahlen, zuletzt abgerufen am: 30.09.2010.
[503] FAZ-online: Widerstand gegen Idee zur Börsen-Steuer, 07.09.2010, abrufbar unter: http://www.faz.net/s/Rub3ADB8A210E754E748F42960CC7349BDF/Doc~E90CD973 DC7E847538E94E9524C2212EC~ATpl~Ecommon~Scontent.html, zuletzt abgerufen am: 30.09.2010.
[504] FAZ-online: Widerstand gegen Idee zur Börsen-Steuer, 07.09.2010, abrufbar unter: http://www.faz.net/s/Rub3ADB8A210E754E748F42960CC7349BDF/Doc~E90CD973 DC7E847538E94E9524C2212EC~ATpl~Ecommon~Scontent.html, zuletzt abgerufen am: 30.09.2010.

Steuer die Anzahl der Transaktionen stark reduzieren, was eine Destabilisierung der Finanz- und Kapitalmärkte nach sich ziehen könnte.

Bis jetzt hat die Europäische Kommission keinen konkreten Gesetzgebungsvorschlag unterbreitet und auch abgestimmte europäische Positionen zum Thema Finanztransaktionssteuer gibt es nicht[505]. Ob ein Konsens der Mitgliedstaaten für eine Finanztransaktionssteuer gefunden werden kann, darf bezweifelt werden und bleibt vorerst abzuwarten[506].

Eine Bankenabgabe hätte direkt keine Auswirkungen auf die Einflussmöglichkeiten von Hedgefonds. Indirekt könnte eine Bankenabgabe dazu führen, dass Kreditinstitute ihre risikoreichen Investments abstoßen. In diesem Zusammenhang wären auch Hedgefonds als alternative Investments im hochspekulativen Bereich betroffen. Eine Besteuerung von Finanztransaktionen würde Hedgefonds hingegen direkt betreffen. Inwieweit derartige Regeln einen Einfluss auf Veränderungen der Anlagestrategien bzw. -möglichkeiten hätten, kann nicht beurteilt werden, da eine Finanztransaktionssteuer die absolute Rendite der Fonds senken würde und abzuwarten wäre, ob die Fonds mit weniger Rendite leben, oder ihre Renditeerwartungen nach oben korrigieren würden.

II. Deutschland

Neben den internationalen Reglementierungsbestrebungen verfolgt Deutschland auch losgelöst von internationalen Verflechtungen das Ziel den ansässigen Finanzmarkt vor Eingriffen von Hedgefonds zu schützen. Grund für den Alleingang Deutschlands bei einigen Regulierungsbestrebungen ist dabei vor allem, dass Entscheidungsprozesse auf supranationaler Ebene langwierig sind. Darüber hinaus kann sich eine Vielzahl von Nationen häufig nur auf einen Minimalkonsens verständigen, so dass regelmäßig zusätzliche Regelungen auf nationaler Ebene getroffen werden müssen.

---

[505] Focus online: EU lehnt Finanzmarktsteuer ab, 07.09.2010, abrufbar unter:
http://www.focus.de/politik/weitere-meldungen/finanzen-eu-lehnt-
finanzmarktsteuer-ab_aid_549502.html, zuletzt abgerufen am 30.09.2010.
[506] Focus online: EU lehnt Finanzmarktsteuer ab, 07.09.2010, abrufbar unter:
http://www.focus.de/politik/weitere-meldungen/finanzen-eu-lehnt-
finanzmarktsteuer-ab_aid_549502.html, zuletzt abgerufen am 30.09.2010.

1. Leerverkaufsverbot

Seit Ende Juli 2010 gilt in Deutschland ein Leerverkaufsverbot[507]. Mit dem Gesetz „zur Vorbeugung gegen missbräuchliche Wertpapier- und Derivategeschäfte" wurden ungedeckte Leerverkäufe von Schuldtiteln von Staaten der Eurozone, die an einer inländischen Börse zum Handel im regulierten Markt zugelassen sind, untersagt. Darüber hinaus wurde unter bestimmten Voraussetzungen der Handel mit Kreditausfallversicherungen verboten.

Die Reglementierungsabsichten in Deutschland könnten vor allem Einfluss auf in der Bundesrepublik ansässige Hedgefonds haben. Ein Leerverkaufsverbot für ungedeckte Leerverkäufe betrifft dabei Hedgefonds direkt. Eine Strategieausrichtung, die auf Leerverkäufe ausgerichtet ist, wird so deutlich erschwert. Allerdings sind nur ungedeckte Leerverkäufe verboten worden. Gedeckte, also Leerverkäufe bei denen Eigentum schon erworben wurde, bzw. ein Rechtsanspruch auf Eigentumsübertragung besteht, sind weiterhin gestattet. Im gesamten kann ein Leerverkaufsverbot für ungedeckte Leerverkäufe als Transparenz-steigernd betrachtet werden. Zudem werden Spekulationsmöglichkeiten eingeschränkt.

2. Anforderungen an Vergütungssysteme

Die Bundesregierung hat zudem die Anforderungen an die Vergütungssysteme von Instituten und Versicherungsunternehmen reglementiert. Zu diesem Zweck legte sie am 31.03.2010 einen Gesetzesentwurf „über die aufsichtsrechtlichen Anforderungen an die Vergütungssysteme von Instituten und Versicherungsunternehmen" vor[508], der nach schneller Einigung am 26.07.2010 im Bundesgesetzblatt verkündet wurde[509].

Mit der Änderung des Kreditwesens- und Versicherungsaufsichtsgesetzes wurden die gesetzlich geregelten Anforderungen an das Risikomanagement von Instituten und Versicherungsunternehmen ergänzt. Institute und Versicherungsunternehmen sind nunmehr dazu verpflichtet angemessene und transparente Vergütungssysteme zu etablieren, die eine nachhaltige Entwicklung der Unternehmen fördern[510]. Das Bundesministerium der Finanzen ist dazu befugt weitere Einzelheiten in zwei begleitenden Rechtsverordnungen zu regeln. Dabei soll es insbesondere Verfahren zur Ausgestaltung, Überwachung und Wei-

---

[507] inhaltlich siehe: Exkurs: Gesetz zur Vorbeugung gegen missbräuchliche Wertpapier- und Derivategeschäfte, unter C, IV, e.
[508] BT-DRS 17/1291, S. 1.
[509] BGBl. I S. 950.
[510] BT-DRS 17/1291, S. 2.

terentwicklung von Vergütungssystemen festlegen[511]. Die Bundesanstalt für Finanzdienstleistungsaufsicht tritt in diesem Zusammenhang vor allem als Kontrollorgan auf; im Falle der Nichteinhaltung bestimmter aufsichtsrechtlicher Anforderungen ist sie dazu befugt Auszahlung variabler Vergütungsbestandteile zu verbieten oder zu beschränken[512].

Die Reglementierungsabsichten im Bereich Vergütungssysteme dürften keine großen Auswirkungen auf die Hedgefondsbranche haben. Es ist davon auszugehen, dass die Branche schnell Schlupflöcher oder Alternativen zum bisherigen Vergütungssystem finden wird. In der Branche wird naturgemäß viel Geld verdient. Diesen Umstand kann auch ein Gesetz nicht verändern.

3. Bankenabgabe

Bereits im März 2010 legte die Regierung in ihrem Koalitionsvertrag Eckpunkte für eine mögliche Bankenabgabe fest[513]. Nach ausgiebigen Beratungen im Juli 2010 legte die Regierung am 27.09.2010 den Entwurf eines Gesetzes „zur Errichtung eines Restrukturierungsfonds für Kreditinstitute und ein Banken-Restrukturierungsgesetz" vor[514]. Der Gesamtgesetzentwurf enthält zwei Hauptthemen. Zum einen befasst er sich mit der Errichtung eines Restrukturierungsfonds für Kreditinstitute und zum anderen legt er Regeln für eine geordnete Restrukturierung und Abwicklung von Kreditinstituten fest[515].

Nach dem Willen der Bundesregierung soll ein Restrukturierungsfonds für Kreditinstitute als Sondervermögen des Bundes[516] bei der Bundesanstalt für Finanzmarktstabilisierung errichtet werden[517]. Alle Kreditinstitute im Sinne des Kreditwesengesetzes sollen Beiträge in den Restrukturierungsfonds einzahlen, um so Restrukturierungsmaßnahmen systemrelevanter Banken finanzieren zu können[518]; dabei soll sich die Beitragsbemessung am systemischen Risiko des Kreditinstituts ausrichten[519]. Die Bundesanstalt für Finanzmarktstabilisierung

---

[511] BT-DRS 17/1291, S. 2.
[512] BT-DRS 17/1291, S. 2.
[513] BMF: abrufbar unter:
http://www.bundesfinanzministerium.de/DE/Buergerinnen__und__Buerger/Gesells chaft__und__Zukunft/finanzkrise/20100730-Finanzmarktregulierung.html, zuletzt abgerufen am: 30.09.2010.
[514] BT: abrufbar unter:
http://www.bundestag.de/dokumente/textarchiv/2010/31491835_kw39_sp_banken restrukturierung/index.html, zuletzt abgerufen am: 30.09.2010.
[515] BT-DRS 17/3024, S. 1.
[516] BT-DRS 17/3024, S. 2.
[517] BT-DRS 17/3024, S. 45.
[518] BT-DRS 17/3024, S. 45.
[519] BT-DRS 17/3024, S. 4.

soll nach pflichtgemessen Ermessen und unter Berücksichtigung der Bedeutung des Kreditinstitutes für die Finanzmärkte über Maßnahmen des Restrukturierungsfonds entscheiden können[520]. Des Weiteren soll ihr das Recht eingeräumt werden, Brückeninstitute zur Übertragung von Kreditinstituten zu gründen und Anteile an zu übernehmenden Rechtsträgern zu erwerben[521]. Zudem soll es der Bundesanstalt für Finanzmarktstabilisierung möglich sein, Garantien zur Sicherung von Ansprüchen gegen übernehmende Rechtsträger zu übernehmen[522] und sich an der Rekapitalisierung des übernehmenden Rechtsträgers zu beteiligen[523].

Der Gesetzesentwurf sieht für die Restrukturierung und Abwicklung von Kreditinstituten ein zweistufiges Verfahren vor, dass auf Initiative des Kreditinstituts eingeschaltet wird. Auf der ersten Stufe steht ein Sanierungsverfahren. In dem Sanierungsverfahren sollen den Kreditinstituten eine Reihe von Handlungsoptionen an die Hand gegeben werden, um unabhängig von Eingriffen Dritter in einer frühen Phase einer Unternehmenskrise Schieflagen ins Lot rücken zu können[524]. Auf der zweiten Stufe soll ein modifiziertes Insolvenzverfahren stehen, dass Elemente zur Verfahrensbeschleunigung und einen verschlankten Rechtsschutz vorsieht[525]. Darüber hinaus soll das Insolvenzverfahren nicht nur in Rechte der Gläubiger, sondern auch in Rechte der Anteilseigner eingreifen können[526]. Eine weitere Besonderheit stellt die bei dem Kreditinstitut verbleibende Verfügungsbefugnis dar, die sicherstellt, dass das Kreditinstitut weiterhin handlungsfähig bleibt[527]. Bei der Abwicklung eines Kreditinstituts sollen auch nicht die klassischen Insolvenzverwalter zum Einsatz kommen. Angedacht ist vielmehr, dass ein gerichtlich eingesetzter Sanierungs- bzw. Insolvenzberater als Sonderbeauftragter iSd. KWG oder vorläufiger Insolvenzberater iSd. Insolvenzordnung auftritt[528].

Der Gesetzesentwurf „zur Restrukturierung und geordneten Abwicklung von Kreditinstituten, zur Errichtung eines Restrukturierungsfonds für Kreditinstitute und zur Verlängerung der Verjährungsfrist der aktienrechtlichen Organhaf-

---

[520] BT-DRS 17/3024, S. 45.
[521] BT-DRS 17/3024, S. 46.
[522] BT-DRS 17/3024, S. 46 f.
[523] BT-DRS 17/3024, S. 47.
[524] BT-DRS 17/3024, S. 9.
[525] BT-DRS 17/3024, S. 2.
[526] BT-DRS 17/3024, S. 15.
[527] BT-DRS 17/3024, S. 10.
[528] BT-DRS 17/3024, S. 2.

tung", geht im Oktober in die erste Lesung des Bundestages[529]. Inwieweit der Entwurf konsensfähig ist, bleibt abzuwarten.

Die Bankenabgabe ist in Deutschland ein heiß diskutiertes Thema. Man möchte Banken in die Verantwortung ziehen, um zukünftige Instabilitäten der Finanzmärkte zu verhindern und die Banken an ihren eigenen Verlusten zu beteiligen. Einen direkten Einfluss auf die Hedgefondsbranche hat die Einführung einer Bankenabgabe aber nicht, da Hedgefonds nicht unter den Begriff eines Kreditinstituts fallen. Jedoch könnte die Einführung einer Bankenabgabe indirekt auf die Hedgefondsbranche ausstrahlen. Banken oder allgemein Kreditinstitute agieren auf den Finanzmärkten als institutionelle Investoren von Hedgefonds. Würde ein erhöhtes Bankrisiko durch Hedgefondsinvestments zu erhöhten Abgaben führen, könnten langfristig auch Hedgefonds von den Auswirkungen einer Bankenabgabe betroffen sein.

Die Regelungen bzgl. einer geordneten Sanierung bzw. Insolvenz von Kreditinstituten sind grds. zu begrüßen, haben allerdings keinerlei direkte Auswirkungen auf Hedgefonds, da diese in der Regel nicht unter den Begriff des Kreditinstitutes im Sinne des Kreditwesengesetzes fallen und somit nicht unter die Reglementierungen gefasst werden können.

4. Reglementierungen von Verbriefungen

Ein weiterer Regulierungsansatz in Deutschland besteht in der Absicht der Reglementierung von Verbriefungen[530]. In diesem Zusammenhang beschloss der Bundestag im Juli 2010 einen von der Bundesregierung eingebrachten Entwurf „zur Schaffung eines Gesetzes zur Umsetzung der geänderten Bankenrichtlinie und der geänderten Kapitaladäquanzrichtlinie"[531].

Ziel dieses Gesetzes ist zunächst die Umsetzung der drei von der Europäischen Union im Jahr 2009 beschlossenen Änderungsrichtlinien RL 2009/27/EG, RL 2009/44/EG und RL 2009/83/EG in nationales Recht[532]. Darüber hinaus soll die Gesetzgebung das Verbriefen von Krediten und den Handel mit den Verbriefungen erschweren. Zudem sollen die Eigenkapitalbestimmungen für Banken

---

[529] BT: abrufbar unter:
http://www.bundestag.de/dokumente/textarchiv/2010/31491835_kw39_sp_banken restrukturierung/index.html, zuletzt abgerufen am: 30.09.2010.
[530] BMF: abrufbar unter:
http://www.bundesfinanzministerium.de/DE/Buergerinnen__und__Buerger/Gesells chaft__und__Zukunft/finanzkrise/20100730-Finanzmarktregulierung.html, zuletzt abgerufen am: 30.09.2010.
[531] BT-DRS 17/1720, S. 1.
[532] BT-DRS 17/1720, S. 1.

erweitert werden[533]. Vor diesem Hintergrund soll es vor allem Änderungen im Kreditwesensgesetz geben.

So soll es künftig einheitliche Regelungen für die Anerkennung hybrider Kapitalbestandteilen als Kernkapital gegen. Zudem ist das Einführen einer EU-weiten Definition für die Anerkennung von hybriden Kapitalbestandteilen als Kernkapital geplant[534]. Des Weiteren sollen Begriffsbestimmungen für Verbriefungen und Anforderungen an Investoren festgelegt werden[535]. So soll ein Institut nur dann in Verbriefungen investieren dürfen, wenn der Originator, Sponsor oder der ursprüngliche Kreditgeber mindestens fünf Prozent der Risikopositionen selbst hält[536].

Auch die Zusammenarbeit der nationalen Aufsichtsbehörden im europäischen Wirtschaftsraum soll gestärkt werden[537]. Im Detail werden hierfür sog. „Aufsichts-Kollegien" geplant, bei denen alle an der Aufsicht über eine grenzüberschreitende Bankengruppe beteiligten Behörden vertreten sein sollen[538].

Schließlich soll das Pfandbriefgesetz weiterentwickelt werden. Hier ist insbesondere eine Stärkung der Stellung des Sachverwalters geplant, der die Möglichkeit einer Refinanzierung und damit Liquiditätssteigerung im Falle einer Insolvenz einer Pfandbriefbank durch Bedienung der Pfandbriefe bei der Deutschen Bundesbank erhalten soll[539].

Der Entwurf des Gesetzes „zur Umsetzung der geänderten Bankenrichtlinie und der geänderten Kapitaladäquanzrichtlinie" wurde am 24.09.2010 vom Bundesrat an den Vermittlungsausschuss gemäß Art. 77 II GG weitergeleitet[540]. Wann über die endgültige Verabschiedung des Entwurfs entschieden wird, bleibt abzuwarten.

Im Gegensatz zu der Bankenabgabe würde eine strengere Reglementierung von Verbriefungen Hedgefonds wiederum direkt betreffen. Hedgefonds wären in ihren Anlagestrategien und -möglichkeiten direkt beschränkt. Zudem würden derartige Regelungen Transparenz-erhöhend wirken und die Stabilität der Märkte sichern.

---

[533] BT-DRS 17/1720, S. 1.
[534] BT-DRS 17/1720, S. 46.
[535] BT-DRS 17/1720, S. 49.
[536] BT-DRS 17/1720, S. 49.
[537] BT-DRS 17/1720, S. 48.
[538] BT-DRS 17/1720, S. 48.
[539] BT-DRS 17/1720, S. 49.
[540] BR-DRS 518/10 (B).

5. Stärkung des Anlegerschutzes

Schließlich plant die Bundesregierung den Anlegerschutz zu stärken. Dafür legte die Regierung am 22.09.2010 einen Kabinettsentwurf „zur Stärkung des Anlegerschutzes und Verbesserung der Funktionsfähigkeit des Kapitalmarktes" vor[541]. Der Kabinettsentwurf soll einer effizienten Regulierung und Beaufsichtigung des Kapitalmarktes dienen[542]. In diesem Zusammenhang soll vor allem die BaFin zusätzliche Möglichkeiten erhalten, um Verstöße gegen eine anlegergerechte Beratung und der Pflicht zur Offenlegung von Provisionen als Ordnungswidrigkeiten ahnden zu können[543]. Des Weiteren sieht der Vorschlag eine Registrierungspflicht für Berater und Verantwortliche für Vertriebsvorgaben bei der BaFin vor. Im Zuge der Registrierung haben Berater und Verantwortliche für Vertriebsvorgaben ihre angemessenen Qualifikationen nachzuweisen[544].

Ein weiterer Vorschlag beschäftigt sich mit der Ausweitung der wertpapierrechtlichen Meldepflichten. Angedacht ist, die Meldepflichten so zu erweitern, dass ein intransparenter Aufbau großer Stimmrechtspositionen erschwert wird[545]. Als weiteres Instrument zur Schaffung von Transparenz sollen neue Mitteilungs- und Veröffentlichungspflichten in das Wertpapierhandelsgesetz aufgenommen werden. So sollen vor allem bis jetzt nicht erfasste Finanzins-

---

[541] beck-online: abrufbar unter: http://gesetzgebung.beck.de/node/1001903, zuletzt abgerufen am: 01.10.2010.

[542] Kabinettsentwurf: der Regierung für ein Gesetz zur Stärkung des Anlegerschutzes und Verbesserung der Funktionsfähigkeit des Kapitalmarkts, 22.09.2010, S. 1, abrufbar unter:
http://gesetzgebung.beck.de/sites/gesetzgebung.beck.de/files/Kabinettsentwurf%20Anlegerschutz.pdf, zuletzt abgerufen am: 01.10.2010.

[543] Kabinettsentwurf: der Regierung für ein Gesetz zur Stärkung des Anlegerschutzes und Verbesserung der Funktionsfähigkeit des Kapitalmarkts, 22.09.2010, S. 32, abrufbar unter:
http://gesetzgebung.beck.de/sites/gesetzgebung.beck.de/files/Kabinettsentwurf%20Anlegerschutz.pdf, zuletzt abgerufen am: 01.10.2010.

[544] Kabinettsentwurf: der Regierung für ein Gesetz zur Stärkung des Anlegerschutzes und Verbesserung der Funktionsfähigkeit des Kapitalmarkts, 22.09.2010, S. 29, abrufbar unter:
http://gesetzgebung.beck.de/sites/gesetzgebung.beck.de/files/Kabinettsentwurf%20Anlegerschutz.pdf, zuletzt abgerufen am: 01.10.2010.

[545] Kabinettsentwurf: der Regierung für ein Gesetz zur Stärkung des Anlegerschutzes und Verbesserung der Funktionsfähigkeit des Kapitalmarkts, 22.09.2010, S. 26, abrufbar unter:
http://gesetzgebung.beck.de/sites/gesetzgebung.beck.de/files/Kabinettsentwurf%20Anlegerschutz.pdf, zuletzt abgerufen am: 01.10.2010.

trumente wie z. B. Wertpapierdarlehen unter die Mitteilungs- und Veröffentlichungspflichten fallen[546].

Bei den offenen Immobilienfonds soll es Veränderungen bei der Anteilsrücknahme geben. Es ist angedacht, Mindesthaltefristen für Anteile zu schaffen, um den Kapitalanlagegesellschaften eine bessere Liquiditätssteuerung ermöglichen zu können[547]. Eine Einschränkung erfährt dieser Vorschlag in Hinblick auf Kleinanleger, die weiterhin die Möglichkeit bekommen sollen, monatlich Anteile im Wert bis zu 5.000 Euro zurückzugeben[548].

Eine Stärkung des Anlegerschutzes hätte sowohl direkte, als auch indirekte Auswirkungen auf Hedgefonds. Direkt würden sich die Melde- und Veröffentlichungspflichten von gehaltenen Beteiligungen für Hedgefonds verschärfen. Darüber hinaus würden feindliche Übernahmen und damit auch das „Filetieren" und Verkaufen von Unternehmen und Unternehmensteilen erschwert werden.

III. Russland

Neben den internationalen Bestrebungen zur Sicherung der Kapital- und Wertpapiermärkte verfolgt auch Russland Strategien, um die Finanzmärkte vor Eingriffen von Hedgefonds zu schützen. So wurde im Jahr 2008 eine Entwicklungsstrategie für den Finanzmarkt der Russischen Föderation festgelegt[549]. Darüber hinaus erlässt der Föderale Dienst für Finanzmärkte regelmäßig Verordnungen, um die Gefahren für den Finanzmarkt zu begrenzen.

---

[546] Kabinettsentwurf: der Regierung für ein Gesetz zur Stärkung des Anlegerschutzes und Verbesserung der Funktionsfähigkeit des Kapitalmarkts, 22.09.2010, S. 26, abrufbar unter:
http://gesetzgebung.beck.de/sites/gesetzgebung.beck.de/files/Kabinettsentwurf%20Anlegerschutz.pdf, zuletzt abgerufen am: 01.10.2010.

[547] Kabinettsentwurf: der Regierung für ein Gesetz zur Stärkung des Anlegerschutzes und Verbesserung der Funktionsfähigkeit des Kapitalmarkts, 22.09.2010, S. 36 f., abrufbar unter:
http://gesetzgebung.beck.de/sites/gesetzgebung.beck.de/files/Kabinettsentwurf%20Anlegerschutz.pdf, zuletzt abgerufen am: 01.10.2010.

[548] Kabinettsentwurf: der Regierung für ein Gesetz zur Stärkung des Anlegerschutzes und Verbesserung der Funktionsfähigkeit des Kapitalmarkts, 22.09.2010, S. 37 abrufbar unter:
http://gesetzgebung.beck.de/sites/gesetzgebung.beck.de/files/Kabinettsentwurf%20Anlegerschutz.pdf, zuletzt abgerufen am: 01.10.2010.

[549] FCSM: Entwicklungsstrategie des Finanzmarktes der Russischen Föderation bis 2020, abrufbar unter: http://www.fcsm.ru/ru/press/russia2020/strategy2020/, zuletzt abgerufen am: 01.10.2010.

1. Entwicklungsstrategie des Finanzmarktes bis 2020

Die Entwicklungsstrategie des Finanzmarktes der Russischen Föderation bis 2020 legt die Ausrichtung der öffentlichen Hand im Bereich der Regulierung der russischen Finanzmärkte für den Zeitraum bis 2020 fest. Grundsätzliches Ziel dieser Ausrichtung ist eine positive wirtschaftliche Entwicklung Russlands, die durch Qualität und Wettbewerbsfähigkeit der russischen Finanzmärkte erreicht werden soll[550]. Der russische Finanzmarkt soll sich dafür im Weltmarktgeschehen als unabhängiges Finanzzentrum etablieren und internationalen Investoren offen stehen.

Um das zu gewährleisten, sollen die Finanzmärkte auf die Bedürfnisse internationaler Investoren zugeschnitten werden. Im Vordergrund stehen dabei im Besonderen die Erweiterung der Palette der Finanzinstrumente und die Schaffung eines günstigen Steuerklimas für Investitionen[551]. In diesem Zusammenhang soll vor allem auch die Attraktivität der russischen Finanzinstrumente in Hinblick auf langfristige Investitionen gesteigert werden.

In dem Strategiepapier der Russischen Föderation wurden insbesondere langfristige Maßnahmen zur Verbesserung der Gesetzgebung im Bereich der Finanzmärkte aufgenommen. Dazu gehören u.a. die Erhöhung der Transparenz der Finanzmärkte, die Gewährleistung einer wirksamen Infrastruktur für Finanzmärkte, die Schaffung günstiger steuerlicher Rahmenbedingungen und die Verbesserung der rechtlichen Regulierung der Finanzmärkte[552].

Als Maßnahme zur Verbesserung der Transparenz der Finanzmärkte sollen Mechanismen eingeführt werden, die vor allem Kleinanleger einen Zugang zu den Kapitalmärkten ermöglichen[553]. Dabei soll ein besonderer Fokus auf den Anlegerschutz der Kleinanleger gelegt werden. Damit auch Kleinanleger in den Genuss hoher Renditen derivativer Finanzinstrumente kommen können, soll in diesem Bereich eine Öffnung der Märkte und eine Stärkung des rechtlichen

---

[550] FCSM: Entwicklungsstrategie des Finanzmarktes der Russischen Föderation bis 2020, abrufbar unter: http://www.fcsm.ru/ru/press/russia2020/strategy2020/, zuletzt abgerufen am: 01.10.2010.

[551] FCSM: Entwicklungsstrategie des Finanzmarktes der Russischen Föderation bis 2020, abrufbar unter: http://www.fcsm.ru/ru/press/russia2020/strategy2020/, zuletzt abgerufen am: 01.10.2010.

[552] FCSM: Entwicklungsstrategie des Finanzmarktes der Russischen Föderation bis 2020, abrufbar unter: http://www.fcsm.ru/ru/press/russia2020/strategy2020/, zuletzt abgerufen am: 01.10.2010.

[553] FCSM: Entwicklungsstrategie des Finanzmarktes der Russischen Föderation bis 2020, abrufbar unter: http://www.fcsm.ru/ru/press/russia2020/strategy2020/, zuletzt abgerufen am: 01.10.2010.

Rahmens des Derivate- und Verbriefungsmarktes erreicht werden[554]. Durch den gezielten Einsatz von Werbemaßnahmen sollen zudem die Bürger über Investitionsmöglichkeiten am russischen Finanzmarkt informiert werden[555]. Das Strategiepapier der Russischen Föderation sieht auch eine Vereinheitlichung der Regulierung aller Segmente des organisierten Finanzmarkts und die Schaffung einer rechtlichen und organisatorischen Infrastruktur für die Aktien- und Wertpapierabwicklung vor[556]. Als weitere Maßnahme der Transparenzschaffung soll ein einheitlicher Rahmen für die Organisation einer Marktaufsicht und die Durchführung der Aufsichtspflichten auf den Finanzmärkten geschaffen werden[557].

Um die Regulierung der Finanzmärkte zu verbessern, soll ein Aufsichtssystem etabliert werden, dass über alle Finanzinstitute und Marktakteure wacht[558]. Die Umsetzung des Aufsichtssystems soll dabei insbesondere durch die Vereinheitlichung der geltenden Bestimmungen über Finanzinstitute und Marktakteure und die Verbesserung der Zusammenarbeit der staatlichen Stellen und der Selbstregulierungsorganisationen bewirkt werden[559]. So soll es eine Vereinfachung beim administrativen Aufwand für die staatliche Registrierung von Wertpapieremissionen geben[560]. Zudem sollen Instrumente geschaffen werden, um ein wirksames System für Mitteilungs- und Offenlegungspflichten zu etablieren. In diesem Zusammenhang soll der bestehende Corporate Governance Kodex weiterentwickelt und verbessert werden; zudem sollen wirksame

---

[554] FCSM: Entwicklungsstrategie des Finanzmarktes der Russischen Föderation bis 2020, abrufbar unter: http://www.fcsm.ru/ru/press/russia2020/strategy2020/, zuletzt abgerufen am: 01.10.2010.

[555] FCSM: Entwicklungsstrategie des Finanzmarktes der Russischen Föderation bis 2020, abrufbar unter: http://www.fcsm.ru/ru/press/russia2020/strategy2020/, zuletzt abgerufen am: 01.10.2010.

[556] FCSM: Entwicklungsstrategie des Finanzmarktes der Russischen Föderation bis 2020, abrufbar unter: http://www.fcsm.ru/ru/press/russia2020/strategy2020/, zuletzt abgerufen am: 01.10.2010.

[557] FCSM: Entwicklungsstrategie des Finanzmarktes der Russischen Föderation bis 2020, abrufbar unter: http://www.fcsm.ru/ru/press/russia2020/strategy2020/, zuletzt abgerufen am: 01.10.2010.

[558] FCSM: Entwicklungsstrategie des Finanzmarktes der Russischen Föderation bis 2020, abrufbar unter: http://www.fcsm.ru/ru/press/russia2020/strategy2020/, zuletzt abgerufen am: 01.10.2010.

[559] FCSM: Entwicklungsstrategie des Finanzmarktes der Russischen Föderation bis 2020, abrufbar unter: http://www.fcsm.ru/ru/press/russia2020/strategy2020/, zuletzt abgerufen am: 01.10.2010.

[560] FCSM: Entwicklungsstrategie des Finanzmarktes der Russischen Föderation bis 2020, abrufbar unter: http://www.fcsm.ru/ru/press/russia2020/strategy2020/, zuletzt abgerufen am: 01.10.2010.

Maßnahmen zur Vorbeugung und Bekämpfung unlauteren Aktivitäten auf dem Finanzmarkt ergriffen werden[561].

Neben der Transparenzschaffung und der weitreichenden Reglementierung der Finanzmärkte soll der Föderale Dienst für Finanzmärkte mehr Kompetenzen erhalten, um eine Einhaltung der Gesetze und Rechtsakte der Russischen Föderation besser überprüfen zu können[562].

Die Strategieausrichtung des Föderalen Dienstes lässt auf eine weitere Öffnung der Finanzmärkte schließen. Russland möchte internationales Finanzzentrum werden. Auf dem Weg dorthin, werden vermehrt Deregulierungsbestrebungen stehen. Für Hedgefonds bedeutet diese Entwicklung weiteres Potential. Inwieweit die Kompetenzerweiterung des Föderalen Dienstes für Finanzmärkte einer Öffnung der Märkte entgegenwirkt, kann derzeit nicht beurteilt werden. Der Föderale Dienst ist schon jetzt mit weitreichenden Befugnissen ausgestattet. Wenn er diese richtig nutzt, kann er zukünftig Einflussmöglichkeiten von Hedgefonds auf die russischen Finanzmärkte kontrollieren und verhindern.

2. Regierungsverordnungen des Föderalen Dienstes für Finanzmärkte

Der Föderale Dienst für Finanzmärkte agiert in der Russischen Föderation als höchstes Regulierungsorgan für die Finanzmärkte. In diesem Zusammenhang ist er dazu berechtig Rechtsakte in Form von Verordnungen zu erlassen, um den Finanzmarkt zu reglementieren. Folgend seinen einige der kürzlich erschienenen Verordnungsentwürfe dargestellt.

Am 27. September veröffentlichte der Föderale Dienst für Finanzmärkte den Entwurf einer Verordnung „über die Änderungen der Verordnungen über die Berechnung der Eigenmittel von professionellen Marktteilnehmer, Asset-Managementgesellschaften von Investmentfonds, Investmentfonds und Pensionsfonds, Warenbörsen und Börsenmakler, die Derivate auf zugrunde liegenden Vermögenswerten in Form von Rohstoffen öffentlich handeln"[563].

Am 23. September veröffentlichte der Föderale Dienst für Finanzmärkte gleich drei Verordnungsentwürfe.

---

[561] FCSM: Entwicklungsstrategie des Finanzmarktes der Russischen Föderation bis 2020, abrufbar unter: http://www.fcsm.ru/ru/press/russia2020/strategy2020/, zuletzt abgerufen am: 01.10.2010.

[562] FCSM: Entwicklungsstrategie des Finanzmarktes der Russischen Föderation bis 2020, abrufbar unter: http://www.fcsm.ru/ru/press/russia2020/strategy2020/, zuletzt abgerufen am: 01.10.2010.

[563] FCSM: Verordnungen für den Föderalen Dienst für Finanzmärkte, abrufbar unter: http://www.fcsm.ru/ru/legislation/documents/projects/?year_3=2010&month_3=9, zuletzt abgerufen am: 01.10.2010.

Als erstes wurde der Entwurf einer Verordnung „über die Genehmigung des Verfahrens zur Bestimmung des geschätzten Wertes von Wertpapieren, die nicht an einem organisierten Markt gehandelt werden"[564] erlassen,

dann der Entwurf einer Verordnung „über die Genehmigung des Verfahrens zur Ermittlung der Marktpreise für Wertpapiere, die Abwicklung der Wertpapiere sowie die Schwankungsbreite der Marktpreise von Wertpapieren"[565]

und schließlich wurde der Entwurf einer Verordnung „über die Genehmigung des Verfahrens zur Bestimmung des geschätzten Wertes von Finanz-Derivaten, die nicht an einem organisierten Markt gehandelt werden"[566] erlassen. All diese Verordnungsentwürfe sollen die Transparenz am Wertpapiermarkt erhöhen. Hedgefonds werden in diesem Zusammenhang vor allem dadurch betroffen sein, dass die Regelungen insbesondere auch die nicht organisierten Märkte betreffen werden. Darüber hinaus schaffen die Verordnungsentwürfe Regelungsansätze zur Bewertung von Wertpapieren und Derivaten, die vor allem im Zusammenhang mit dem Aufbau der Aktiva von Hedgefonds von Interesse sein könnten. Allerdings bleibt abzuwarten, inwieweit die Verordnungsentwürfe zur Umsetzung kommen, da der Föderale Dienst für Finanzmärkte seine generelle Ausrichtung bis 2020 in der weiteren Öffnung der Märkte sieht.

IV. Zusammenfassung

Zusammenfassend muss festgehalten werden, dass sowohl auf internationaler als auch auf nationaler Ebene viel über Regulierungsansätze für Hedgefonds diskutiert, aber wenig umgesetzt wurde. So versucht die Gruppe der zwanzig wichtigsten Industrie- und Schwellenländer schon seit 2008 geeignete Maßnahmen zur Regulierung der Finanzmärkte auf den Weg zu bringen und auch die Europäische Gemeinschaft scheut sich nicht davor, Reglementierungsvorschläge zu unterbreiten. Allerdings verlaufen die internationalen Bestrebungen aufgrund der unterschiedlichen Interessen der einzelnen Länder häufig im Sande.

---

[564] FCSM: Verordnungen für den Föderalen Dienst für Finanzmärkte, abrufbar unter: http://www.fcsm.ru/ru/legislation/documents/projects/?year_3=2010&month_3=9, zuletzt abgerufen am: 01.10.2010.

[565] FCSM: Verordnungen für den Föderalen Dienst für Finanzmärkte, abrufbar unter: http://www.fcsm.ru/ru/legislation/documents/projects/?year_3=2010&month_3=9, zuletzt abgerufen am: 01.10.2010.

[566] FCSM: Verordnungen für den Föderalen Dienst für Finanzmärkte, abrufbar unter: http://www.fcsm.ru/ru/legislation/documents/projects/?year_3=2010&month_3=9, zuletzt abgerufen am: 01.10.2010.

Bei den Verhandlungen der G-20 treten gleich eine Reihe wichtiger Nationen wie Kanada, Australien und China als Veränderungsblocker auf. Auf diese Weise war es bis jetzt nicht möglich einen Konsens für die Reglementierung von Ratingagenturen, für die Selbstregulierung oder für die Schaffung einer internationalen Finanzmarktaufsicht zu finden. Auch eine Einigung in Bezug auf eine einheitliche Registrierungspflicht für Hedgefonds oder wirksame der Haushaltsdefizitbegrenzung blieben bis jetzt aus. Lediglich in den Bereichen Mangervergütungen und „Liste der Steueroasen" konnte man sich international einigen. Zuversichtlich ist man auch bei den Verhandlungen zu den Regeln nach „Basel III", die von den G-20 in Soul beschlossen werden sollen.

Auch die Europäische Gemeinschaft ist in Sachen Kapitalmarktregulierung nicht wirklich weit voran geschritten. Man sprach sich zwar für scharfe Regulierungsmaßnahmen aus, diese scheiterten jedoch regelmäßig am Widerstand einzelner Mitgliedstaaten. So gibt es bis jetzt noch keine Entscheidung hinsichtlich der Reglementierung von Managern alternativer Investmentfonds und Ratingagenturen und auch die Verordnung „über Leerverkäufe und Credit Default Swaps" konnte noch nicht verabschiedet werden. Darüber hinaus konnte man sich bis dato nicht auf eine einheitliche EU-Finanzmarktaufsicht verständigen und auch Bankenabgabe sowie Finanztransaktionsteuer scheitern im Moment am Wiederstand Großbritanniens und Schwedens. Einzig und allein der Haushaltsdefizitbegrenzung, die durch den Vertrag von Maastricht über den Stabilitäts- und Wachstumspakt in den Vertrag der Europäischen Gemeinschaft Einzug gehalten hat, soll künftig mehr Bedeutung beigemessen werden, um Verschuldungsszenarien wie im Frühjahr in Griechenland, Portugal und Spanien frühzeitig entgegen wirken zu können.

Bei all den getroffenen und nichtgetroffenen internationalen Regelungen stellt sich schließlich die Frage nach den Auswirkungen der getroffenen Reglementierungen. Beschlüsse der G-20 entfalten rechtlich keinen Bindungscharakter, das heißt, dass trotz Beschluss kein Mitgliedsland dazu verpflichtet ist, sich an den Beschluss zu halten. Zudem gibt es auf Ebene der G-20 keine Sanktions- oder Aufsichtsmechanismen und selbst wenn man diese im Zuge einer großen internationalen Finanzmarktrestrukturierung etablieren würde, so würden im Zweifel Rechtsbefugnisse nicht auf die Mitgliedsstaaten durchgreifen. Darüber hinaus muss im Moment jeder Beschluss der G-20 in nationales Recht umgesetzt werden, bevor er Geltung erlang. Die Einigungsprozesse auf G-20 Ebene wiederholen sich somit auf nationaler Ebene. Ein flexibles Reagieren und Eingreifen bei Veränderungen der Finanzmärkte ist bei solch einem System zeitlich nicht möglich.

Die Europäische Gemeinschaft verfügt über Rechtssetzungsbefugnisse. Mit der Möglichkeit Verordnungen zu erlassen hat sie ein wirksames Mittel unmittelbar Gesetze zu schaffen. Neben den Verordnungen kann sie Richtlinien erlassen. Allerdings müssen die Richtlinien dann nationalstaatlich in geltendes Recht umgesetzt werden. Die Rechtssetzungsbefugnisse der Europäischen Gemeinschaft ändern nichts an dem Umstand, dass sich alle Mitgliedstaaten auf Regelungen einigen müssen. Dieser Prozess nimmt wie schon bei den G-20 viel Zeit in Anspruch. Darüber hinaus werden Richtlinien häufig nicht zeitnah umgesetzt, was zu einer Verschiebung der eigentlich harmonisierten Rechtslagen innerhalb der Europäischen Gemeinschaft führen kann.

In Bezug auf die bereits getroffenen internationalen Regelungen kann festgestellt werden, dass die Beschränkung der Managergehälter nur geringe Auswirkungen auf die Arbeitsweise von Hedgefonds entfalten wird. Auch eine „schwarze Liste" für Steueroasen, stellt keine wirkliche Regulierungsmaßnahme dar. Man könnte vermuten, dass die Managergehälter allein aus dem Grunde begrenzt worden sind, um den Bürgern der einzelnen Mitgliedstaaten zu suggerieren, dass etwas getan wird. Einfluss auf die Entwicklung der Hedgefondsbranche dürfte die Begrenzung der Gehälter jedenfalls nicht entfalten, da Manager häufig die Möglichkeit bekommen sich direkt zu beteiligen, um ihre Gewinne aus der Anteilseignerstellung zu generieren.

In Hinblick auf die fehlende Regelungsdichte auf supranationaler Ebene versuchen die Einzelstaaten immer mehr alleine ihre Märkte zu schützen. Sowohl Deutschland als auch Russland haben in diesem Zusammenhang Regelungen erlassen, um die Kapitalmärkte besser kontrollieren zu können. Dabei muss man grundsätzlich sagen, dass der russische Markt mit der Einführung von Hedgefonds im Jahre 2008 relativ wenig Risikoerfahrung hat und aus diesem Grund auch zögernd an eine Kapitalmarktregulierung für Hedgefonds herantritt. Darüber hinaus war der russische Kapitalmarkt bis in jüngster Zeit immer stärker reguliert als der Deutsche. So gab es praktisch lange Zeit keine derivativen und hochspekulativen Finanzprodukte.

In Deutschland wurde in diesem Jahr ein Verbot für ungedeckte Leerverkäufe und bestimmte Kreditausfallversicherungen erlassen. Daneben wurden die Boni für Manager begrenzt und eine Bankenabgabe sowie ein Selbstbehalt für Verbriefungen in die Wege geleitet. Deutschland hat also erste Schritte unternommen, um den Finanzmarkt zu schützen.

Die Frage ist nur, ob ein einzelner Staat in der Lage ist in ausreichendem Maße seine Finanzmärkte zu schützen. Grundsätzlich kann Schutz nur für den eigenen Regelungsbereich erreicht werden. Nationalstaaten sind demnach in der Lage in ihrem Rechtskreis Ansässige zu reglementieren. Da Hedgefonds häufig offshore beheimatet sind, ist somit nur eine Reglementierung der 21 deutschen und sechs russischen Hedgefonds durch deutsche und russische Gesetzgeber möglich. Eine Reglementierung der offshore-Hedgefonds scheidet dagegen grundsätzlich aus. Die am Kapitalmarkt entstehenden systemischen Risiken gehen aber grade von offshore-Hedgefonds und nicht von deutschen und russischen Hedgefonds aus. Eine nationalstaatliche Reglementierung hat auf offshore-Hedgefonds keinerlei Einfluss.

Alternativ könnte man versuchen, die nationalen Finanzmärkte vor den Eingriff von offshore-Hedgefonds zu schützen. Dafür müssten national Mechanismen installiert werden, die ein Eindringen von Hedgefonds in die nationalen Märkte in jeglicher Art verhindern. Da Hedgefonds sehr flexibel in ihren Anlagestrategien und auf den Finanzmärkten operieren, dürfte es allerdings sehr schwer sein Instrumente zu finden, die alle Hedgefonds erfassen.

Einen umfassenden Schutz vor der Beeinflussung der Finanzmärkte durch Hedgefonds kann weder durch internationale noch durch nationale Gesetzgebungsverfahren erreicht werden. Die Flexibilität der Branche und das schnelle Reagieren auf Veränderungen machen Regulierungsansätze zu Regelungsversuchen. Zusammenfassend muss daher klargestellt werden, dass nur weitreichende internationale Restrukturierungsverfahren vor allem im Bereich Finanzaufsicht eine Regulierung von Hedgefonds erreichen könnten. Darüber hinaus muss festgestellt werden, dass ein 100 prozentiger Schutz auch auf diese Weise nicht garantiert werden kann.

F. Fazit und Ausblick

Ziel der vorliegenden Arbeit war es ausgehend von der Betrachtung der Kapital- und Wertpapiermärkte, Hedgefonds rechtsvergleichend im deutschen und russischen Recht zu betrachten und insbesondere vor dem Hintergrund ihres Einflusspotentials sowie internationaler und nationaler Regulierungsansätze zu bewerten.

Nach einer kurzen Einführung wurden die Grundlagen der kapital- und wertpapierrechtlichen Regelungen im deutschen und russischen Recht dargestellt. Betrachtet man die Rechtslagen ist festzuhalten, dass sich der deutsche und der russische Kapitalmarkt in grundsätzlichen Ausgestaltungen an den angloamerikanischen Kapitalmärkten orientieren. Große oder bedeutsame Unterschiede zwischen deutschem und russischem Recht bestehen außer in dem Umstand, dass im deutschen Recht europäisches Recht zu berücksichtigen ist, nicht. Zusammenfassend kann also festgehalten werden, dass der Aufbau der Märkte und die handelbaren Produkte mit denen Hedgefonds in Deutschland und Russland agieren, sich stark angleichen.

Anschließend wurden die Grundlagen der Hedgefonds betrachtet. Dabei kam es im Besonderen Maße auf eine Abgrenzung der Hedgefonds von anderen Marktakteuren an. Hedgefonds zeichnen sich durch äußerst vielfältige Anlagestrategien und ein hohes Maß an Flexibilität aus. Sie nutzen Fremdfinanzierungen und Ineffizienzen der Märkte, um ihre Gewinne generieren zu können. Dabei lassen sich überlappend auch immer wieder Parallelen zu klassischen Finanzinstituten, Private-Equity-Gesellschaften oder Venture-Capital-Gesellschaften feststellen. Eine klare Abgrenzung ist aus diesen Gründen weder international noch national möglich. National bedient man sich daher anderer Begriffe um eine Vielzahl der von Hedgefonds ausgehenden Charakteristika erfassen zu können. So werden sie in Deutschland als „Sondervermögen mit zusätzlichen Risiken" erfasst, während in Russland Hedgefonds anhand der Zusammensetzung der Aktiva über eine Verordnung des Föderalen Dienstes für Finanzmärkte erfasst werden. Die Rechtslage von in Deutschland und Russland aufgelegten Hedgefonds ist dabei ähnlich gestaltet. So unterliegen sie weitreichenden regulatorischen Beschränkungen und Meldepflichten.

Folgend wurde die Frage, ob Hedgefonds international bzw. national ein Machtpotential entwickelt haben, um gezielt Einfluss auf die verschiedenen Märkte ausüben zu können, beantwortet. Dabei standen insbesondere die Fragen nach dem internationalen und nationalen Hedgefondsmärkten und ein davon ausgehendes potenzielles Risiko im Vordergrund. International kann allein durch das hohe zu verwaltende Vermögen der Hedgefonds ein deutliches Einflusspotential abgeleitet werden. Dieses Einflusspotential verstärkt sich zudem durch die fehlende internationale Regulierung von Hedgefonds, ihrem äußerst flexiblen Verhalten und der gewollten Intransparenz der gesamten Branche. National ist ein Einflusspotential dagegen im Moment zu verneinen. In Deutschland agieren derzeit einundzwanzig in Deutschland aufgelegte Single- und Dachhedgefonds die im Vergleich zur sonstigen Branche ein relativ geringes zu verwaltendes Vermögen halten. Auch in der Russischen Föderation sind derzeit nur wenige, im Moment sechs, Hedgefonds nach russischem Recht aktiv. Von den nationalen Hedgefonds, die zudem in beiden Ländern einer starken Kontrolle unterliegen, geht dementsprechend wenig Einflusspotential aus. Das könnte sich zumindest für den russischen Markt in den nächsten Jahren deutlich ändern. So sehen Prognosen einen starken Anstieg der russischen Hedgefondsbranche und eine Versechsfachung des zu verwaltenden Kapitals voraus. Stimmen die Prognosen wird in nächster Zeit das Einflusspotential von in Russland aufgelegten Hedgefonds national und international deutlich an Bedeutung gewinnen.

Deutschland und Russland sehen sich nicht nur mit national aufgelegten Hedgefonds, sondern vor allem mit international agierenden offshore-Hedgefonds konfrontiert. In diesem Zusammenhang kann auch ein nationales Einflusspotential abgeleitet werden. Internationale Hedgefonds investieren sowohl in den deutschen als auch in den russischen Markt. In diesem Zusammenhang fallen sie häufig nicht unter die für national aufgelegte Hedgefonds verbindlichen Regulierungsmechanismen. Darüber hinaus agieren sie vermehrt im Stillen, so dass von Hedgefonds ausgehende Aktionen oft erst hinterher publik werden. Ausgehend von dieser Betrachtung muss daher ein erhöhtes Einflusspotential internationaler Hedgefonds auf die nationalen Märkte Deutschlands und Russlands und damit ein bestehender internationaler und nationaler Regulierungsbedarf bejaht werden.

Aufgrund des zuvor herausgestellten Regulierungsbedarfs ist eine internationale und nationale Forderung nach Regulierungsmechanismen durchaus berechtigt. Auf internationaler Ebene versuchen sich insbesondere die G-7, G-8 und G-20 sowie die Europäische Gemeinschaft, um Regulierungen von Hedgefonds supranational zu installieren. Dabei muss deutlich herausgestellt werden, dass eine Einigung über geeignete Instrumente der Hedgefondsregulierung bislang am Widerstand einzelner Mitgliedstaaten gescheitert ist. Geeinigt hat man sich hingegen auf Regelungen zur Beschränkung der Managergehälter und zur Veröffentlichung einer „schwarzen Liste" der Steueroasen. Eine wirkungsvolle Regulierung der Hedgefondsbranche ist mittels dieser Vorschriften nicht möglich. Regulierungsansätze und Vorschläge gibt es auf internationaler Ebene viele. Darunter sicherlich auch einige, die eine wirkliche Verbesserung der Regulierungsmechanismen bedeuten würden. Allerdings sind diese im Moment nicht konsensfähig und ein Konsens ist stets die Bedingung, um neue Regularien auf supranationaler Ebene zu etablieren. Die unterschiedlichen Interessen der Mitglieds- und Verhandlungsstaaten führen in aller Regel nur zu einem Minimalkonsens, indem die Schnittmenge aller vertretenden Interessen zusammengefasst und in Regelungen umgesetzt wird. Ein ausreichender Schutz der Kapital- und Finanzmärkte kann so nicht gewährleistet werden.

Da sich weder die G-20 noch die EU auf einheitliche Regelungen und einheitliche Standards einer Hedgefondsregulierung verständigen konnten, versuchen die Nationalstaaten selbst ihre Kapital- und Wertpapiermärkte vor dem Einfluss international agierender Hedgefonds zu schützen. Deutschland hat inzwischen ungedeckte Leerverkäufe und bestimmte Kreditausfallversicherungen verboten. Darüber hinaus hat Deutschland die Managergehälter beschränkt und plant zeitnah die Umsetzung weiterer Maßnahmen, um die deutschen Finanzmärkte ausreichend sichern zu können. Russland hat aktiv bisher weniger Initiative bei der Regulierung von Hedgefonds gezeigt als Deutschland. Das mag vor allem daran liegen, dass Russland das Auflegen von Hedgefonds erst 2008 ermöglicht hat und darüber hinaus Investitionen ausländischer Hedgefonds in die russischen Märkte stark durch das Auslandsinvestitionsrecht reglementiert sind. Der russische Markt war dementsprechend in den letzten Jahren nicht so stark vom Einfluss international agierender Hedgefonds betroffen wie der deutsche. Allerdings öffnen sich die russischen Märkte zusehends den internationalen Investoren. So gibt es das Strategiepapier aus dem Jahr 2008, das die Ausrichtung des russischen Kapital- und Wertpapiermarktes bis 2020 beschreibt und den Finanzmarkt der Russischen Föderation als internationales Finanzzentrum umbauen will. Zudem sollen die Investitionsmöglichkeiten ausländischer Investoren in Russland deutlich verbessert werden. Inwieweit die Regulierungsmöglichkeiten des russischen Rechts bei einer Öffnung der Märkte ausreichen, kann nicht abschließend beurteilt werden. Die weitreichenden Rechtsetzungs- und Kontrollbefugnisse des Föderalen Dienstes für Finanzmärkte könnten allerdings bei richtigem Einsatz zum Schutz der Finanzmärkte beitragen.

Neben den nationalen Regulierungsbestrebungen Deutschlands und Russland stellt sich die Frage, was nationale Alleingänge in der Regulierungsproblematik eigentlich bringen? Grundsätzlich muss wohl davon ausgegangen werden, dass es auf einem global vernetzten Markt keinen 100 prozentigen Schutz der Finanzmärkte geben kann. Selbst wenn eine Volkswirtschaft, sei es Deutschland oder Russland, es schaffen könnte, sich vom globalen Finanzmarkt abzuschotten, um so international agierenden Hedgefonds keinen Raum für Aktivitäten zu bieten, würden die durch die Abschottung entstehenden Opportunitätskosten den hypothetisch durch Hedgefonds angerichteten Schaden nicht aufwiegen können. Dementsprechend ist eine Abschottung der nationalen Finanzmärkte vom globalen Geschehen weder sinnvoll noch zielführend und würde eine deutliche Verschlechterung des nationalen Finanzstandortes bedeuten. Einigt man sich hingegen international auf bestimmte Standards zur Reglementierung von Hedgefonds kann bewirkt werden, dass sich die globale Struktur der Finanzmärkte ändert und so ein umfangreicher Schutz aller Nationalstaaten aufgebaut wird.

Um eine Reglementierung von Hedgefonds international aufzubauen müssen verschiedene Parameter beachtet werden. Ein großes Problem stellt dabei zunächst das Fehlen einer einheitlichen internationalen Definition von Hedgefonds dar. Solange man sich nicht darauf einigen kann, welche Finanzmarktakteure überhaupt unter Hedgefonds gefasst werden sollen, wird es in diesem Zusammenhang keine Möglichkeit geben, eine einheitliche Regulierungsstrategie zu verfolgen. So besteht bis auf weiteres die Möglichkeit, dass sich hedgefondsnahe Finanzmarktakteure, die mit hochspekulativen Investments arbeiten und bisher nicht in Erscheinung getreten sind, in andere Investmentfonds umfirmieren, um so Regulierungsmechanismen zu umgehen.

Ein weiteres Problem stellt die offshore-Problematik vieler Hedgefonds dar. Grundsätzlich muss wohl davon ausgegangen werden, dass eine direkte Regulierung der offshore-Hedgefonds schwer möglich und noch schwerer durchsetzbar ist. Die meisten Staaten die unter den Begriff der Steueroasen fallen, sind nicht Mitgliedsstaaten der G-20 und der EU und fallen somit nicht unter in diesen Gremien getroffene Reglementierungen. Eine Reglementierung der offshore-Hedgefonds kann also nur indirekt erfolgen.

Das größte Problem der internationalen Regulierung sind allerdings die Interessenskonflikte der Mitgliedsstaaten der G-7, G-8, G-20 und der EU. Solange die Mitgliedsstaaten der einzelnen Gremien nicht in der Lage sind sich zu einigen, wird es keine ausreichende Finanzmarktregulierung für Hedgefonds und damit verbunden keinen genügenden Schutz der Kapitalmärkte, vor dem stetig wachsendem Einflusspotential international agierender Hedgefonds geben.

Wenn es eine Einigung auf supranationaler Ebene geben könnte, stellt sich die Frage welche Instrumente der Finanzmarktreglementierung ergriffen werden sollten, um einen wirksamen Schutz zu bewirken.

Einen Ansatz stellt die Selbstregulierung der Hedgefondsbranche dar. Ziel ist es hier eine Art „Code of Conduct" aufzustellen, an den sich die gesamte Branche selbstverpflichtend zu halten hat. Unterlässt ein Hedgefonds die Selbstverpflichtung könnte als Konsequenz der Zugang zu öffentlich gehandelten Finanzprodukten gesperrt werden.

Ein weiterer Ansatz könnte in der quantitativen oder qualitativen Beschränkung der Geschäftätigkeiten bestehen. So könnten Mindestkapitalanforderungen oder eine Leveragebegrenzung etabliert werden. Darüber hinaus könnte man überlegen, ob bestimmte Methoden wie das Leerverkaufen nicht grundsätzlich verboten werden sollten. In diesem Zusammenhang könnte man auch Reglementierungen zur Begrenzung des zu verwaltenden Vermögens in Erwägung ziehen. Eine derartige Begrenzung könnte das systemische Risiko von Hedgefonds im Zweifel deutlich senken und Hedgefonds im Sinne von „too big to fail" vermeiden.

Daneben besteht die Möglichkeit den Hedgefonds ihre innewohnende Intransparenz zu nehmen, indem bspw. Anforderungen an Offenlegungspflichten angehoben werden. Derartige Regulierungen könnten die Marktintegrität der Hedgefondsbranche absenken. Allerdings könnten erhöhte Veröffentlichungspflichten auch den Herdentrieb der Hedgefondsbranche, der auch schon bei derzeitiger Intransparenz wahrgenommen werden kann, verstärken.

Zudem könnte die Einführung einheitlichter externer Ratingverfahren die Risikoidentifikation bei Hedgefonds verbessern. In diesem Zusammenhang müsste vor allem dem Interessenskonflikt der Ratingagenturen, die sich zwischen öffentlichem Recht und ihrem Geldgebern bewegen, konsequent begegnet werden. Allerdings muss an dieser Stelle festgehalten werden, dass ein Rating auf vergangenheitsorientierten Daten basiert und, dass bei der Flexibilität der Strategieveränderung von Hedgefonds ein derartiges Rating grundsätzlich nur wenig Aufschluss über zukünftiges Risikopotential geben kann.

Alle denkbaren Regulierungsansätze setzen eines voraus: eine Infrastruktur zur Überwachung der Einhaltung der getroffenen Reglementierungen. Umzusetzen ist eine derartige Infrastruktur nur mit einer global etablierten Finanzaufsicht, die eigene Befugnisse im Bereich der Finanzmarktreglementierung, -kontrolle und -sanktionierung hat. Ohne eine derartige Institution würde die Überprüfung international getroffener Vereinbarungen nicht möglich sein und Regulierungsbestrebungen auf supranationaler Ebene würden sich erübrigen.

Schließlich stellt sich die Frage inwieweit offshore-Hedgefonds in den Regulierungsprozess mit eingebunden werden könnten. Eine Regulierung der offshore-Hedgefonds kann dabei aufgrund unzureichender Regelungsbefugnisse nur indirekt erfolgen. Ein sinnvoller Ansatz wäre die Abschottung der globalen Finanzmärkte. Einigen sich bspw. die G-20 auf einheitliche Finanzmarktstrukturen und unterbinden sie gemeinsam die Einflussnahme von offshore-Hedgefonds, rauben sie diesen Hedgefonds fast komplett die Möglichkeit zu investieren. Die offshore-Hedgefonds sähen sich dann dazu gezwungen die global installierten Regulierungsmechanismen für sich anerkennen zu müssen, um weiter im ausreichenden Maße Investitionen akquirieren zu können. So käme es zu einer indirekten Regulierung der Offshore-Hedgefonds.

International werden die nächsten Regulierungsversuche für Hedgefonds wohl auf dem G-20 Gipfel am 10. und 11. November 2010 in Soul, Südkorea verhandelt. In diesem Zusammenhang haben sich die G-20 vorgenommen zusammenzuarbeiten, um ein starkes und nachhaltiges Wachstum der globalen Wirtschaft zu gewährleisten[567]. Im Besonderen soll „Die Rolle der Wirtschaft für nachhaltiges und ausgewogenes Wachstum"[568] besprochen werden, wobei die Wiederbelebung des Handels und der ausländischen Direktinvestitionen sowie die Förderung der finanziellen Stabilität und Unterstützung der wirtschaftlichen Aktivität der Finanzmärkte im Mittelpunkt der Verhandlungen stehen sollen[569].

Abschließend gilt es abzuwarten, inwieweit sich die internationalen Regulierungsvorhaben entwickeln und ob es gelingen wird geeignete Regulierungsmechanismen im Konsens vereinbaren und konsequent umsetzen zu können.

---

[567] G-20: in Soul, abrufbar unter:
http://www.seoulg2obusinesssummit.org/en/program/theme_agenda.asp, zuletzt abgerufen am: 06.10.2010.
[568] G-20: in Soul, abrufbar unter:
http://www.seoulg2obusinesssummit.org/en/program/theme_agenda.asp, zuletzt abgerufen am: 06.10.2010.
[569] G-20: in Soul, abrufbar unter:
http://www.seoulg2obusinesssummit.org/en/program/theme_agenda.asp, zuletzt abgerufen am: 06.10.2010.

Literaturverzeichnis

Allpravo.RU: Wertpapiere als Objekte der Menschenrechte, Moskau 2005, abrufbar unter: http://allpravo.ru/library/doc99p0/instrum4885/, zuletzt abgerufen am: 20.09.2010.

Arendts, Martin: in Büchting, H.-U., Beck'sches Rechtsanwaltshandbuch, 9. Aufl., München 2007.

Arzinger, Rainer/ Galander, Tanja: Russisches Wirtschaftsrecht, Berlin 2002.

Assmann, Heinz-Dieter: in Assmann, H.-D. /Schütze, R. A., Handbuch des Kapitalanlagerechts, 3. Aufl., München 2007.

BaFin: Jahresbericht 2002, Frankfurt am Main 2003.

Bartz, Ralf: in Derleder, P./ Knops, K.-O./ Bamberger, H.-G., Handbuch zum deutschen und europäischen Bankrecht, 2. Aufl., Bremen/Hamburg/Mainz 2009.

Baur, Jürgen: Investmentgesetze, Kommentar, 2. Aufl., Berlin/ New York 1997.

BMF: Monatsbericht des BMF, Januar: Die deutsche G7/G8-Präsidentschaft – Geschichte, Perspektiven und Themen in 2007, Berlin 2007.

Bednarz, Sebastian: Die Regulierung von Hedgefonds, Eine rechtsvergleichende Untersuchung der Regulierungsdiskussion in Deutschland den USA und Großbritanien, Hamburg 2009.

Boeschen, Mark/ Schürmann, Christof: Hedgefonds kämpfen ums überleben, WirtschaftsWoche vom 06.11.2008.

Bohsem, Guido/ Atzler, Elisabet: Hedge-Fonds Kontrolle rückt in die Ferne, Financial Times Deutschland vom 11.04.2007.

Borovskaya, Marina: Unternehmen des Banksektors, Taganrog 1999, abrufbar unter: http://www.aup.ru/books/m10/6.htm, zuletzt abgerufen am: 20.09.2010.

Breig, Burkhard: Eigentum und andere dingliche Rechte an Grundstücken in Russland unter besonderer Berücksichtigung der landwirtschaftlich genutzten Böden. Schriftenreihe zum Osteuropäischen Recht, Band 10, Frankfurt am Main 2009.

Bruski, Johannes: in Schimansky, H./ Bunte, H.-J./ Lwowski, H.-J, Bankrechts-Handbuch, 3. Aufl., München 2007.

Bundestag: BT-DRS 16/5576, Gesetzentwurf der Bundesregierung, Entwurf eines Gesetzes zur Änderung des Investmentgesetzes und zur Anpassung anderer Vorschriften (Investmentänderungsgesetz), Berlin 11.06.2007.

Bundestag: BT-DRS 17/1291, Gestzentwurf der Bundesregierung, Entwurf eines Gesetzes über die aufsichtsrechtlichen Anforderungen an die Vergütungssysteme von Instituten und Versicherungsunternehmen, Berlin 31.03.2010.

Bundestag: BT-DRS, 17/1720, Gesetzesentwurf der Bundesregierung, Entwurf eines Gesetzes zur Umsetzung der geänderten Bankenrichtlinie und der geänderten Kapitaladäquanzrichtlinie, Berlin 17.05.2010.

Bundestag: BT-DRS 17/3024, Gesetzesentwurf der Bundesregierung, Entwurf eines Gesetzes zur Restrukturierung und geordneten Abwicklung von Kreditinstituten, zur Errichtung eines Restrukturierungsfonds für Kreditinstitute und zur Verlängerung der Verjährungsfrist der aktienrechtlichen Organhaftung, Berlin 27.09.2010.

Buck-Heeb, Petra: Kapitalmarktrecht, 4. Aufl., Hannover 2010.

Canaris, Claus-Wilhelm: Handelsrecht, 23. Aufl., München 2006.

Clashinrichs, Ralf: Hedge Funds – Grundlagen, Chancen, Risiken, Zukunft, Berlin 2005.

Cottier, Phillip: Hedge Funds and Managed Futures, 3. Aufl., Bern 2000.

Dobatkin, Dmitry/ Murygin, Andrei/ Karachourina, Alexandra: The offer and sale of foreign securities in Russia, Moskau 2009.

Ehricke, Ulrich: in Hopt, K. J./ Voigt, H. C., Prospekt- und Kapitalmarktinformationshaftung, Tübingen 2005.

Edwards, Franklin R.: Hedge Funds and the Collapse of Long-Term Capital Management, Journal of Economic Perspectives, 13/1999, 189-210.

Ekkenga, Jens/ Maas, Heyo.: Das Recht der Wertpapieremissionen, Berlin 2006.

Europäische Kommission: Begleitdokument zum Vorschlag VO zur Änderung der Verordnung (EG) Nr. 1060/2009 über Ratingagenturen, SEK(2010) 679, Brüssel 2010.

Europäische Kommission: Mitteilung über Bankenrettungsfonds, KOM(2010) 254, Brüssel 2010.

Europäische Kommission: Vorschlag zur Anwendung der RL 2004/109/EG zur Harmonisierung der Transparenzanforderungen in Bezug auf Informationen über Emittenten, deren Wertpapiere zum Handel auf einem geregelten Markt zugelassen sind, KOM(2010)243, Brüssel 2010.

Europäische Kommission: Europäische Finanzaufsicht, KOM(2009) 252, Brüssel 2009.

Europäische Kommission: Vorschlag RL über die Verwalter alternativer Investmentfonds und zur Änderung der Richtlinien 2004/39/EG und 2009/.../EG, KOM(2009) 207,Brüssel 2009.

Europäische Kommission: Vorschlag RL zur Änderung der RL 1998/26/EG, 2002/87/EG, 2003/6/EG, 2003/41/EG,2003/71/EG, 2004/39/EG, 2004/109/EG, 2005/60/EG, 2006/48/EG, 2006/49/EG und 2009/65/EG im Hinblick auf die Befugnisse der Europäischen Bankaufsichtsbehörde, der Europäischen Aufsichtsbehörde für das Versicherungswesen und die betriebliche Altersversorgung und der Europäischen Wertpapieraufsichtsbehörde, KOM (2009) 576, Brüssel 2009.

Europäische Kommission: Vorschlag VO über die gemeinschaftliche Finanzaufsicht auf Makroebene und zur Einsetzung eines Europäischen Ausschusses für Systemrisiken, KOM(2009) 252, Brüssel 2009.

Europäische Kommission: Vorschlag VO über Leerverkäufe und bestimmte Aspekte von Credit Default Swaps, KOM(2010) 482, Brüssel 2010.

Europäische Kommission: Vorschlag VO zur Änderung der Verordnung (EG) Nr. 1060/2009 über Ratingagenturen, KOM(2010) 289, Brüssel 2010.

EZB: Monatsbericht Januar 2006, Frankfurt am Main 2006.

Fabricius, Michael: Warum Hedgefonds nichts für Privatanleger sind, Welt am Sonntag, 11.10.2009.

Garbaraavicius, Tomas/ Dierick, Frank: Hedge funds and their implications for financial stability, Frankfurt am Main 2005.

Gehrlein, Markus: in Bamberger, H. G./ Roth H. (Hrsg.), Beck'scher Online-Kommentar, Stand: 01.02.2010, abrufbar unter: http://beck-online.beck.de/, zuletzt abgerufen am 20.09.2010.

Gievert, Sebastion: Bilanz des G8-Gipfels, in bpb vom 13.06.2007,1-2.

Giurgiu, Christian: Die Investmentaktiengesellschaft in ihrer Eignung für börsengehandelte Fonds, Hamburg, 2010.

Groß, Wolfgang: in Ebenroth, C. T./ Boujong, K./ Joost, D./ Strohn, L., Handelsgesetzbuch, HGB Band 2, 2. Aufl. München 2009.

Gstädtner, Thomas/ Elicker, Michael: Das Aufsichtsrecht der Hedgefonds - Anspruch und Wirklichkeit, BKR 2006, 91-97.

Gursky, Karl-Heinz: Wertpapierrecht, 3. Aufl., Osnabrück 2007.

Grunewald, Barbara/ Schlitt, Michael: Einführung in das Kapitalmarktrecht, 2. Aufl., München 2009.

Habersack, Mathias/ Schlitt, Michael: Handbuch der Kapitalmarktinformation, München 2008.

Hakenberg, Waltraud: in Ebenroth, C. D./ Boujong K./ Joost, D./ Strohn, L., Handelsgesetzbuch, 2. Aufl. München 2009.

Hansmann, Hermann: Steuern: Alleingänge sind unerwünscht, Wirtschafts Blatt vom 22.09.2010, abrufbar unter: http://www.wirtschaftsblatt.at/archiv/steuern-alleingaenge-sind-unerwuenscht-439233/index.do, zuletzt abgerufen am: 30.09.2010.

Hellwig, Martin: in Duwendag, D., Finanzmärkte im Spannungsfeld von Globalisierung, Regulierung und Geldpolitik, Berlin 1998.

Hermann Staub/ Canaris, Claus-Wilhelm/ Ingo Koller: Handelsgesetzbuch Band 4, 4. Aufl., Berlin 2004.

Hesse, Martin: das große Missverständnis, Hedge-Fonds gelten als waghalsig, doch sie können Risiken im Portfolio senken, Süddeutsche Zeitung vom 01.04.2007.

Heusinger, Robert von: Angst vor einem Desaster, Die Zeit vom 20.04.2006.

Hilpold, Claus/ Kaiser, Dieter: Alternative Investment-Strategien, Weinheim 2005.

Hoffmann, Catherine: Wenn die Hedgefonds zuschlagen, Süddeutsche Zeitung vom 04.03.2010.

Hopt, Klaus J./ Voigt Hans-Christoph: Prospekt- und Kapitalmarktinformationshaftung, Tübingen 2005.

Hueck, Alfred/ Canaris, Claus W.: Recht der Wertpapiere, 12. Aufl., München 1986.

IFSL Research: Hedge Funds 2010, London 2010.

IMF: Global Financial Stability Report, Washington D.C. 2005.

IMF: World Economic Outlook Database, Washington D.C. 2010.

Kaiser, Dieter G.: Hedgefonds, Entmystifizierung einer Anlageklasse, Strukturen – Chancen – Risiken, Wiesbaden 2004.

Kayser, Joachim/ Steinmüller, Jens: Hedge-Fonds im Überblick – Funktionsweise, aufsichts- und steuerrechtliche Behandlung aus Investorensicht, FR 2002, 1269-1278.

Köndgen, Johannes/ Schmies, Christian: in Schimansky, H./ Bunte, H.-J./ Lwowski, H.-J, Bankrechts-Handbuch, 3. Aufl., München 2007.

Koschmieder, Jenny: Der Scheck im deutschen und russischen Recht, Kieler-Ostrecht-Notizen, 3/99, 13-16.

Kremer, Manfred: in Conrad, C. A./ Stahl, M. (Hrsg.), Risikomanagement an internationalen Finanzmärkten, Systemrisiken – Crashpotential – Anlagemanagement – Risikostreuung, Stuttgart 2000.

Kroder, Titus/ Atzler, Elisabet: Die Schlacht der Hedge-Fonds, Financial Times Deutschland vom 20.05.2010.

Kulyabina, Tatyana Vladimirovna: Anlegerschutz durch Verhaltenspflichten der Marktintermediäre – Eine rechtsvergleichende Untersuchung des deutschen, europäischen und russischen Rechts – (Dissertation Universität Bremen), Erkrath/Moskau 2005.

Kümpel von Schmidt, Siegfried: Kapitalmarktrecht: Eine Einführung, 3. Aufl., Berlin 2004.

Lähm, Marcel V.: Hedge Fonds, Banken und Finanzkrisen, Wiesbaden 2004.

Lenenbach, Markus: Kapitalmarkt- und Börsenrecht: Praxislehrbuch Wirtschaftsrecht, 2. Aufl., Köln 2008.

Liebscher, Thomas/ Ott, Nicolas: Die Regulierung der Finanzmärkte – Reformbedarf und Regelungsansätze des deutschen Gesetzgebers im Überblick, NZG 2010, 841-847.

Lindemann, Alexander: Einsatz von Primebrokern bei inländischen Hedgefonds, BB 2004, 2137-2142.

Livonius, Hilger von: Investmentrechtliche Rahmenbedingungen für Hedgefonds in Deutschland, WM 2004, 60-68.

Loomis, Carol: "The nobody keeps up with", Fortune, April 1966, 237-247.

Mai, Christine: Der lange Marsch zur EU-Finanzmarktregulierung, FTD vom 14.09.2010, abrufbar unter:
http://www.ftd.de/politik/international/:basel-iii-der-lange-marsch-zur-eu-finanzmarktregulierung/50167929.html, zuletzt abgerufen am: 25.09.2010.

Meder, Stephan/ Czelk, Andrea: Grundwissen Sachenrecht, Stuttgart 2008.

Meister, Edgar: Eine politische Regulierung der Hedge-Fonds würde nicht greifen, FAZ vom 14.02.2007.

Micheler, Eva: Wertpapierrecht zwischen Schuld- und Sachenrecht, Wien 2004.

Monschein, Andreas: Regulatorischer Bedarf und regulatorische Möglichkeiten von Hedge-Fonds im internationalen Kontext, Augsburg 2008.

Nachtweh, Christopher: Warten auf den Durchbruch, DS 2007, 72-77.

Palandt, Otto: Bürgerliches Gesetzbuch, 69. Aufl., München 2010.

Pötzsch, Thorsten: Das Dritte Finanzmarktförderungsgesetz, WM 1998, 949-952.

Renzenbrink, Ulf/ Holzner, Nelson: Das Verhältnis von Kapitalerhaltung und Ad-hoc-Haftung, BKR 2002, 434-439.

Riecher, Stefan: Hedgefonds melden sich mit hohen Renditen zurück, Die Presse vom 08.08.2009.

Roegele, Elisabet/ Görke, Oliver: Novelle des Investmentgesetzes, BKR 2007, 393-401.

Rohrer, Julie: The Red-Hot World of Julian Robertson, Institutional Investor 1986, 86-92.

Schäfer, Frank A.: Stand und Entwicklungstendenzen der spezialgesetzlichen Prospekthaftung, ZGR 2006, 40–78.

Schinzler, Veronika: Die teileingezahlte Namensaktie als Finanzierungsinstrument der Versicherungswirtschaft (Dissertation Universität Mannheim), Karlsruhe 1999.

Schlüter, Uwe: Börsenhandelsrecht, 2. Aufl. München 2002.

Scholz, Burkhard: Hedge Fonds – Herausforderungen für den Finanzplatz Deutschland, Hamburg 2004.

Spitzweg, Anja: Das russische föderale Gesetz „Über Investmentfonds" (Dissertation Universität Regensburg, Frankfurt am Main 2007.

Staub, Hermann/ Koller, Ingo: in Großkommentar Handelsgesetzbuch Band 4, Berlin 2004.

Steinbrück, Peer: Hedgefonds – Brauchen wir eine internationale Regulierung? ZfgK, 08/2007, 393-396.

Steiner, Angela: Investmentfonds oder Lebensversicherung, Hamburg 2010.

Steuer, Helmut: IWF bewahrt Island vor Staatsbankrott, Handelsblatt vom 20.11.2008.

Veranneman, Peter/ Arps, Skadden/ Meagher, Slate: Das deutsche Verbot von Hochrisiko-Wetten: Schutz der Finanzmärkte und Schutz vor den Finanzmärkten, GWR 2010, 337-337.

Wallach, Edgar: in Dichtl, H./ Kleeberg, J./ Schlenger, C., Handbuch Hedge Funds – Chancen, Risiken und Einsatz in der Asset Allocation, Bad Soden 2005.

Weber, Manfred: Müssen Hedge-Fonds stärker reguliert werden? Das Wirtschaftsstudium 12/2006, 1457-1458.

Wehowsky, Ralf: in Erbs, G./ Kohlhaas, M., Strafrechtliche Nebengesetze 177. Aufl. 2009.

Zwissler, Thomas: Prospekthaftung, Grundlagen der Prospekthaftung und Strategien zur Haftungsvermeidung aus Sicht des Emittenten und seiner Organe, GoingPublic „Kapitalmarktrecht 2006", München 2006.